国家社会科学基金项目

"新时代我国'藏粮于地'战略的实现路径研究"（20BJY133）

四川省哲学社会科学重大项目

"成渝地区双城经济圈粮食安全保障能力提升研究"（SC20EZD050）

本书是西南财经大学全国粮食安全宣传教育基地和

"中国粮食安全政策研究"四川省社会科学重点研究基地的成果

成渝地区双城经济圈高质量协同发展研究丛书

成渝地区双城经济圈
粮食安全保障研究

汪希成 / 主编

西南财经大学出版社

中国·成都

图书在版编目(CIP)数据

成渝地区双城经济圈粮食安全保障研究/汪希成主编.—成都:西南财经大学出版社,2022.12
ISBN 978-7-5504-5640-2

Ⅰ.①成… Ⅱ.①汪… Ⅲ.①粮食安全—保障体系—研究—成都
②粮食安全—保障体系—研究—重庆 Ⅳ.①F326.11

中国版本图书馆 CIP 数据核字(2022)第 220239 号

成渝地区双城经济圈粮食安全保障研究

CHENGYU DIQU SHUANGCHENG JINGJIQUAN LIANGSHI ANQUAN BAOZHANG YANJIU

汪希成　主编

策划编辑:孙婧
责任编辑:廖术涵
责任校对:周晓琬
封面设计:墨创文化
责任印制:朱曼丽

出版发行	西南财经大学出版社(四川省成都市光华村街55号)
网　　址	http://cbs.swufe.edu.cn
电子邮件	bookcj@ swufe.edu.cn
邮政编码	610074
电　　话	028-87353785
照　　排	四川胜翔数码印务设计有限公司
印　　刷	四川煤田地质制图印务有限责任公司
成品尺寸	170mm×240mm
印　　张	11.5
字　　数	209 千字
版　　次	2022 年 12 月第 1 版
印　　次	2022 年 12 月第 1 次印刷
书　　号	ISBN 978-7-5504-5640-2
定　　价	78.00 元

前　言

　　2020 年 1 月 3 日，习近平总书记主持召开中央财经委员会第六次会议，作出推动成渝地区双城经济圈建设、打造高质量发展重要增长极的重大决策部署，为未来一段时期成渝地区发展提供了根本遵循和重要指引。2021 年 10 月 20 日，中共中央、国务院印发了《成渝地区双城经济圈建设规划纲要》，提出了要把成渝地区双城经济圈建设成为具有全国影响力的重要经济中心、科技创新中心、改革开放新高地、高品质生活宜居地的战略定位，并提出支持川渝平坝和浅丘地区建设国家优质粮油保障基地，建设现代高效特色农业带。

　　习近平总书记强调，粮食安全是"国之大者"。当前，全球产业链供应链不确定性增加，我国粮食供求紧平衡的格局长期不会改变。要未雨绸缪，始终绷紧粮食安全这根弦，始终坚持以我为主、立足国内、确保产能、适度进口、科技支撑。四川省是我国 13 个传统的粮食主产区之一，也是西部地区唯一一个粮食主产区，对保障国家粮食安全有着举足轻重的作用。确保粮食自求平衡，既是中央对四川的基本要求，也是四川作为粮食主产区的重大责任。但是，近年来四川粮食产不足需，产需缺口巨大，结构性矛盾突出，每年需要大量"引粮入川"才能满足粮食消费需要。重庆作为传统的粮食产销平衡区，同样存在产不足需和结构性矛盾。成渝地区双城经济圈作为我国经济增长的第四极，随着人口增长、城镇化工业化快速推进，未来粮食产需矛盾将更加突出。但成渝地区也面临着"一带一路""长江经济带""新时代西部大开发""乡村振兴"等多重战略叠加的战略机遇，在新发展格局背景下，深入系统开展成渝地区双城经济圈粮食安全保障能力提升研究，能够为加快推进成渝地区双城经济圈建设提供重要的基础支撑。

　　西南财经大学是全国最早培养农业农村经济、粮食经济理论和涉农领域复合应用型经济管理人才的单位之一，迄今培养了一大批粮食经济管理人才。学校党委历来高度重视粮食安全宣传教育，并采取了多项措施加强宣传，营造了良好的厉行节约、反对浪费的校园氛围。2021 年 10 月，西南财经大学获批由国家粮食和物资储备局、农业农村部、教育部、科技部、全国妇联5部门遴选的第三批"全国粮食安全宣传教育基地"。在此基础上，2021年12月11日，由西南财经大学与四川省粮食和物资储备局联合主办，中国西部经济研究中心和后勤服务总公司共同承办了成渝地区双城经济圈粮食安全保障学术研讨会。来自西南财经大学、四川师范大学、重庆工商大学、西南政法大学、成都大学、四川外国语大学成都学院等多所高校的专家学者和硕博士研究生，以及四川省粮食和物资储备局、凉山州农业科学院等单位的领导70余人参加了会议。会上，专家学者围绕成渝地区双城经济圈粮食安全保障能力提升、成渝地区粮食安全保障路径与实践探索、我国粮食安全保障重点的战略转移、粮食加工企业社会责任储备的法律分析、政府粮食储备布局和结构优化、节粮减损等主题做了专题报告。本书将专家学者的专题报告结集出版，以便为提升成渝地区双城经济圈乃至全国的粮食安全保障能力建言献策，并为相关政府部门提供决策参考。

编者

2022 年 7 月

目　录

成渝地区双城经济圈粮食安全保障能力提升研究[①]

汪希成　危江平

西南财经大学中国西部经济研究院　四川成都　611130

【摘要】本报告包括成渝地区双城经济圈粮食产业发展能力提升、粮食仓储流通能力提升和粮食应急保障能力提升三个部分。粮食产业发展能力提升重点分析了成渝地区双城经济圈粮食生产、粮食加工状况，分析了成渝地区双城经济圈粮食产业发展能力提升面临的主要问题，包括粮食产需矛盾突出、粮食生产的要素约束增强、农户种粮的积极性不高、粮食应急加工能力不足、人才队伍老化严重等，在此基础上，提出了以提效稳产为核心，增强粮食生产内生动力；以合理消费为基础，规划粮食消费用途用量；以加工能力为突破，提升粮食企业产业规模；以提质增效为目标，做大做强粮食产业优势；以增强储备为保障，推进粮食仓储设施建设；以创新粮食产后服务模式为抓手，全链条推动节粮减损等对策建议。粮食仓储流通能力提升重点分析了仓储流通的现状与问题，提出了加强仓储基础设施建设，促进粮食仓储流通基础设施提档升级；优化仓储流通布局结构，提升稳价保供能力；提升粮油加工物流水平，创新粮油配送模式；强化粮食产销衔接，创新粮食产销合作新技术；完善粮食物流体系，保障粮食调入；建设现代仓储体系，提升设施水平等政策建议。粮食应急保障能力提升重点分析了粮食应急保障能力提升的必要性及存在的主要问题，提出了健全粮食市场监测预警体系、加强综合性应急保障网络建设、加快推进现代粮油加工配送基地建设、加强成品粮油应急加工能力储备等对策建议。

【关键词】成渝地区双城经济圈；粮食产业发展能力；粮食仓储流通能力；粮食应急保障能力

---

① 本报告是四川省社科规划重大项目"成渝地区双城经济圈粮食安全保障能力提升研究"（SC20EZD050）的研究成果。

成渝地区双城经济圈建设是习近平总书记亲自谋划、亲自部署、亲自推动的国家重大区域发展战略。作为中国经济"第四极",成渝地区双城经济圈的粮食安全对保障国家粮食安全显得尤为重要。四川省是我国 13 个传统的粮食主产区之一,也是西部地区唯一一个粮食主产区,对保障国家粮食安全有着举足轻重的作用。确保粮食自求平衡,既是中央对四川的基本要求,也是四川作为粮食主产区的重大责任。但是,近年来四川粮食产不足需,产需缺口巨大,结构性矛盾突出,每年需要大量"引粮入川"才能满足粮食消费需要。重庆作为传统的粮食产销平衡区,同样存在产不足需和结构性矛盾。成渝地区双城经济圈作为我国经济增长的第四极,随着人口增长、城镇化工业化快速推进,未来粮食产需矛盾将更加突出。但成渝地区也面临着"一带一路""长江经济带""新时代西部大开发""乡村振兴"等多重战略叠加的战略机遇,在新发展格局背景下,深入系统开展成渝地区双城经济圈粮食安全保障能力提升研究,能够为加快推进成渝地区双城经济圈建设提供重要的基础支撑。

一、成渝地区双城经济圈粮食产业发展能力提升

（一）成渝地区双城经济圈粮食产业发展的现实基础

1. 粮食生产情况

（1）粮食产量变化情况

①四川省粮食产量变化情况

2000—2019 年,四川省粮食产量总体呈现增长态势,但增长缓慢(见图1)。2006 年,四川省粮食产量为 2 859.8 万吨,是近 20 年来的最低值,其他年份的粮食产量保持在 3 000 万~3 500 万吨,总体保持平稳,尤其是 2007—2019 年都呈现出一种上升的趋势。其中,2006 年稻谷产量为 1 337.2 万吨,同比下降 12.42%,2000—2019 年四川省稻谷总产量总体上呈现轻微下降趋势,除了 2006 年的最低值以外,其他年份的总产量均保持在 1 400 万吨以上;玉米产量在 2000—2006 年呈现出波动的情况,并在 2006 年出现了最低值,2006 年的总产量为 551.7 万吨,同比下降 14.03%,2007—2019 年四川省玉米的总产量快速上升,并在 2017 年突破了 1 000 万吨,成为仅次于稻谷的粮食作物,2019 年与稻谷总产量的差值为 407.1 万吨,并且还有进一步缩小的趋势;小麦产量情况与玉米的情况相反,总体上来看,2000—2019 年,小麦产量持续下降,尤其是在 2007 年之后,小麦产量下降的速度非常快,由 2000 年的 614.3 万吨下降到 2019 年的 246.2 万吨,20 年间减产接近 3/5;大豆和薯类的产量总体上保持稳定,没有特别明显的变化,大豆产量在 2015 年之前都保持在 100

万吨左右，2015 年之后保持在 120 万吨左右，只是薯类在 2007 年之后，产量略有上升。

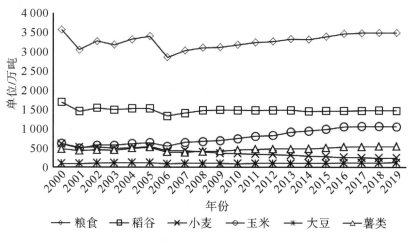

图 1 四川省 2000—2019 年粮食产量变化情况

资料来源：历年《四川统计年鉴》。

从人均粮食产量来看，四川省人均粮食产量从 2000 年的 414.85 千克增加到 2019 年的 417.71 千克，20 年间仅增加了 2.86 千克，年均仅增加 0.14 千克。

②重庆市粮食产量变化情况

2000—2019 年，重庆市粮食产量变化趋势与四川省基本相似，2006 年粮食总产量降到了最低值，只有 808.4 万吨；2008—2014 年，粮食产量从 1 112.16 万吨持续下降到 1 043.9 万吨，下降了 6.14%，此后缓慢回升，2019 年达到 1 079.88 万吨，但一直没有达到 2000 年的水平（见图 2）。近年来，重庆市的粮食产量在全国一直排在第 21 位，处于靠后的位置。

分品种看，稻谷、玉米和薯类表现出同样的变化趋势，除了 2006 年产量有较大幅度下降之外，其他年份变化不大。稻谷产量除了 2006 年以外，都保持在 460 万~500 万吨的范围，2006 年则为 381 万吨，而玉米则整体上呈现稳定上升的趋势，由 2000 年的 192.24 万吨上升到 2019 年的 283.63 万吨，增幅为 27.15%，玉米是粮食作物中增幅最大的，小麦产量呈现出持续下降的趋势，由 2000 年的 121.1 万吨下降到 2019 年的 19.85 万吨，下降幅度为 83.61%，是主要粮食作物中产量下降最大的，2014 年之后小麦的产量开始低于大豆，所以薯类、玉米和稻谷成为重庆的三大主要粮食作物品种；而大豆的产量则保持着相对稳定的趋势，尤其是在 2004 年以后，其产量都保持在 15 万~20 万吨。

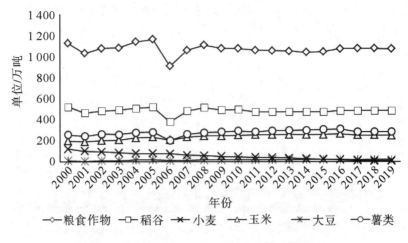

图 2　重庆市 2000—2019 年粮食产量变化情况

资料来源：历年《重庆统计年鉴》。

从人均粮食产量来看，重庆市人均粮食产量从 2000 年的 397.06 千克减少到 2019 年的 345.64 千克，20 年间减少了 51.42 千克，年均减少约 2.57 千克。

（2）粮食播种面积变化情况

①四川省粮食种植面积变化分析

2000—2019 年，四川省粮食作物播种面积总体上呈现下降趋势（见图 3），由 2000 年的 685.45 万公顷减少到 2019 年的 627.93 万公顷，下降幅度为 8.4%，并在 2003 年出现了 20 年来的最低值，为 608.88 万公顷；其中，稻谷的播种面积总体上持续下降，2013 年之前，稻谷的播种面积基本上保持在 200 万公顷左右，2013 年之后，播种面积减少到 180 万公顷左右，并在 2019 年出现了近 20 年以来稻谷种植面积的最低值，为 187.02 万公顷；玉米的播种面积则呈现出快速上升趋势，由 2000 年的 123.52 万公顷上升至 2019 年的 184.4 万公顷，尤其是 2005 年之后表现出强劲的上升趋势，玉米的种植面积 2019 年达到 184.4 万公顷，同稻谷的种植面积仅仅相差 2.62 万公顷，并且还有进一步缩小的趋势；小麦的种植面积与玉米的种植面积呈现出一种相反的趋势，小麦的种植面积在 2005 年之前都大于玉米的种植面积，2005 年之后却小于玉米的种植面积，并且保持快速减少的趋势，而且小麦的种植面积减少速度与玉米种植面积增加速度旗鼓相当；大豆和薯类的种植面积在 2000—2019 年总体上保持稳定，大豆的种植面积保持在 40 万~55 万公顷，薯类的种植面积保持在 120 万公顷左右。

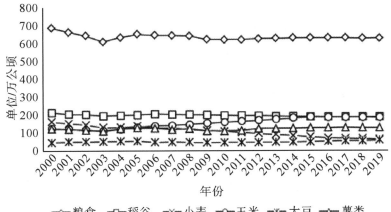

图3 四川省2000—2019年粮食播种面积

资料来源：历年《四川统计年鉴》。

②重庆市粮食播种面积变化情况

2000—2019年，重庆市粮食播种面积整体上呈现下降趋势（见图4），只有2004年和2005年有小幅回升，其余年份由2000年的277.34万公顷下降到2019年的199.92万公顷，降幅为27.92%。其中，稻谷的播种面积相对稳定，与薯类的种植面积大致吻合，基本保持在65万~75万公顷，玉米的种植面积保持在45万公顷左右，小麦的种植面积呈现出快速下降趋势，由2000年的50.06万公顷下降到2019年的9.69万公顷，降幅为80.64%。图4显示，重庆市的城市化水平在不断提高，由2000年的35.6%上升到66.8%，增幅为87.64%，城市化进程增幅远远大于粮食播种面积的增幅。

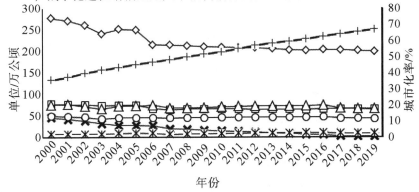

图4 重庆市2000—2019年粮食种植面积

资料来源：历年《重庆统计年鉴》。

（3）粮食单产变化情况

①四川省主要粮食作物单产变化情况

2000—2019 年，四川省粮食单产呈波动上升趋势（见图5），近年来单产水平总体保持稳定，基本上维持在 5 200 千克/公顷到 5 500 千克/公顷；其中，稻谷的单产始终高于其他粮食作物品种，但是稻谷单产在 2001 年和 2006 年出现了两个低值，2001 年单产为 7 128.69 千克/公顷，2006 年为 6 526.11 千克/公顷。玉米的单产变化趋势总体上与粮食和稻谷大致保持一致，同样都经历了 2001 年和 2006 年的低值，分别为 4 086.01 千克/公顷和 4 027.60 千克/公顷，之后都有上升的态势，尤其是 2013 年，玉米的单产同粮食作物的单产接近，都保持 5 200 千克/公顷左右，2016 年玉米的单产超过了粮食作物单产，成为仅次于稻谷单产的粮食作物，并且保持在 5 700 千克/公顷左右，与粮食作物的单产差距大约为 200 千克/公顷；薯类的单产呈现出波动变化的趋势，除了 2006 年这样的个别低值年份，其他年份的单产都在 3 900 千克/公顷到 4 200千克/公顷。大豆单产在主要粮食作物中是最低的，并且保持着相对稳定的态势，基本上在 2 200 千克/公顷左右。

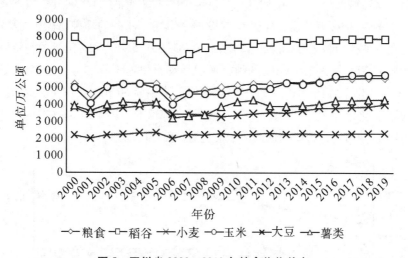

图5 四川省 2000—2019 年粮食作物单产

资料来源：历年《四川统计年鉴》。

②重庆市主要粮食作物单产变化情况

图6 显示，2000 年到 2019 年，重庆市稻谷单产均高于其他粮食作物并且呈现出波动变化的趋势，2006 年下降到 20 年以来的最低值，为 5 135 千克/公顷，粮食、玉米、薯类、大豆等均在 2006 年出现了最低值，其他年份均呈现

出上升趋势，粮食的增幅为 23.61%，玉米的增幅为 31.11%，薯类的增幅为 17.37%，小麦的增幅为 26.26%，大豆的增幅为 135.5%。

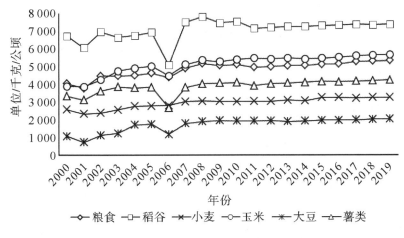

图 6　重庆市 2000—2019 年粮食作物单产

资料来源：历年《重庆统计年鉴》。

（4）成渝地区粮食生产情况与全国粮食生产情况的对比分析

四川省的粮食安全保障工作对于维持区域社会稳定甚至是全国的粮食供给有极其重要的影响，四川省粮食安全保障不仅是作为粮食主产区的重要责任，而且是四川省推进农业供给侧改革的基础。然而，现阶段相对于全国而言，四川省的粮食安全问题尤为突出，有研究测算表明，四川省对我国的粮食安全贡献率为负数，而且四川省的粮食生产规模比较优势和效率比较优势在逐渐丧失，2000—2019 年，全国粮食总产量从 46 217.5 万吨到 66 384.3 万吨，年均增速为 1.92%，同时实现了"十七连丰"，而同期四川省的粮食总产量则是由 3 568.5 万吨提高到 3 498.5 万吨，年均增速为负数。实际上，2000 年到 2019 年，四川省无论是在粮食播种总面积上还是在总产量的平均增长率上都低于全国平均水平（见表 1），并且在不同阶段的波动幅度也较大。近年来，四川省粮食产不足需，产需缺口巨大，结构性矛盾突出，每年需要大量"引粮入川"才能满足消费的需要。而重庆市历来就是我国粮食产销平衡区，与四川存在着同样的问题。有研究表明，重庆市粮食安全水平低于全国平均水平，在我国粮食产销平衡区为倒数，仅仅高于青海和贵州。同时经过对重庆市 2000 年到 2019 年的粮食自给率的测算（见表 2），结果表明重庆市粮食自给率有且仅有在 2004 年和 2005 年这两年超过 100%，分别为 102.44% 和 104.38%，其余年份的粮食自给率都低于 100%，并且在 2013 年之后粮食自给率均低于 90%。已有的研究表明，粮食自给率低于90%说明该地区粮食安全存在风险。四川省的粮食自给率在有些年份也小于100%，但2011年之后的粮食自给率都大于100%，这就表明四川省的粮食安全水平要高于重庆。

表1　四川省粮食生产与全国平均增速比较

年份	总面积		总产量	
	四川	全国	四川	全国
2000—2005	−1.05%	−0.78%	−0.91%	0.93%
2006—2010	−1.00%	1.57%	2.71%	2.93%
2011—2015	0.38%	1.30%	1.10%	2.93%
2016—2019	−0.06%	−0.89%	0.27%	0.17%
2000—2019	−0.46%	0.36%	0.71%	1.92%

资料来源：根据历年《四川统计年鉴》《重庆统计年鉴》《中国农村统计年鉴》计算所得。

表2　四川和重庆2000—2019年的粮食自给率　　单位:%

年份	2000	2001	2002	2003	2004	2005	2006	2007	2008	2009
重庆	99.27	91.49	96.11	96.96	102.44	104.38	81.06	94.47	97.94	94.77
四川	108.34	93.84	100.96	97.34	102.8	103.79	87.52	93.29	95.57	95.31
年份	2010	2011	2012	2013	2014	2015	2016	2017	2018	2019
重庆	93.65	91.14	90.03	88.82	87.24	87.11	88.42	87.79	86.99	86.03
四川	98.95	100.92	101.26	102.88	102.1	103.44	105.00	105.06	104.71	104.43

资料来源：根据历年《四川统计年鉴》《重庆统计年鉴》《中国农村统计年鉴》计算所得。

①粮食总产量的对比

从时间维度来看，2000—2019年，四川省和重庆市的粮食总产量除了在2006年出现了一个低值37 730.0万吨以外，其他年份的粮食总产量都保持在4 200万吨以上，总体上保持了上升的态势。从全国来看，在这20年间，两地粮食总产量占比变化波动较大，总体呈现下降趋势，由2000年的10.17%下降到了2019年的6.89%，甚至在个别年份的占比更低。这也说明了成渝地区的粮食地位在全国不断下降，尤其是四川的情况更加严重（见图7）。

②粮食播种总面积的对比

从粮食作物播种面积来看，成渝两地的粮食播种面积常年保持在8 200千克/公顷以上，占全国粮食播种面积的7%~9%，近几年有一定下滑趋势（见图8）。其主要原因是城镇化进程加快、耕地面积减少。

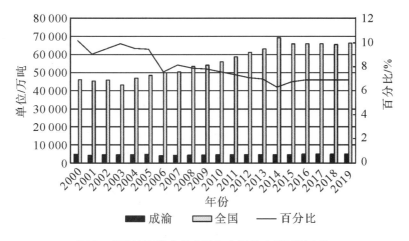

图 7 成渝地区粮食总产量与全国总产量以及占比

资料来源：历年《四川统计年鉴》《重庆统计年鉴》《中国农村统计年鉴》。

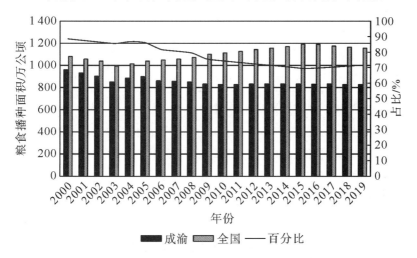

图 8 成渝地区粮食播种面积与全国粮食播种面积

资料来源：历年《四川统计年鉴》《重庆统计年鉴》《中国农村统计年鉴》。

2. 粮食加工情况

（1）粮食加工企业数量

粮食安全保障工作是一项系统工程，包含了粮食生产、加工、流通、储藏、消费等环节。粮食加工是粮食安全保障体系的重要环节，对于粮食加工业的研究具有十分重要的意义。进入 21 世纪以来，我国粮食加工业得到了前所未有的大发展，尤其是稻谷和小麦的加工技术更是取得了突飞猛进的发展，主要体现在稻谷和小麦加工的自主创新技术，中国的稻谷和小麦的加工技术、装备、经济技术指标和产品的质量接近甚至超过世界的平均水平。当然，就目前来看，我国粮食加工业与部分粮食加工业强国还存在着一定的差距①。据统计，截至 2018 年年底，我国共有粮食加工企业 21 212 个，其中小麦加工企业 2 590 个，大米加工企业 9 827 个，饲料加工企业 3 682 个，这三类加工企业的数量在粮食加工企业数量中占据大部分，比重为 75.8%（见表 3）。

表 3　全国粮食加工企业数量　　　　　单位：个

年份	小麦加工企业	大米加工企业	食用植物油加工企业	饲料企业	食品及副食酿造企业	粮油机械制造企业	合计
2013	3 248	10 072	1 748	2 685	1 329	101	19 880
2014	3 241	9 830	1 748	2 760	1 333	95	19 366
2015	3 930	11 208	2 171	4 039	1 779	106	24 971
2016	2 479	8 634	1 296	3 145	1 335	88	17 943
2017	2 865	10 317	1 648	3 811	1 854	140	22 121
2018	2 590	9 827	1 591	3 682	1 970	160	21 212

资料来源：《2019 中国粮食和物资储备年鉴》。

近年来，四川省的粮油加工业也取得了长足发展，粮油加工能力和效益稳步提升，统计内的粮油加工产值突破 2 000 亿元②。截至 2018 年年底，四川省粮食加工企业的数量为 970 个，在全国粮食加工企业中的占比 4.57%，其中小麦加工企业 53 个，占比 2.05%，稻谷加工企业 357 个，占比 3.63%，饲料加工企业 175 个，在传统粮食主产区中的排名靠后（见表 4）。

表 4　四川省粮食加工企业数量　　　　　单位：个

年份	小麦加工企业	大米加工企业	食用植物油加工企业	饲料企业	食品及副食酿造企业	粮油机械制造企业	总计
2013	61	327	100	156	81	5	796
2014	53	370	95	165	80	5	788

---

①　姚惠源. 2015. 中国粮食加工科技与产业的发展现状与趋势［J］. 中国农业科学，48（17）：3541-3546.

②　资料来源于四川省粮食和物质储备局。

表4(续)

年份	小麦加工企业	大米加工企业	食用植物油加工企业	饲料企业	食品及副食酿造企业	粮油机械制造企业	总计
2015	139	418	199	196	74	3	1 090
2016	59	347	117	164	118	1	901
2017	63	381	131	181	146	3	1 031
2018	53	357	123	175	144	3	970

资料来源：《2019 中国粮食和物资储备年鉴》。

重庆市粮食加工企业数量变化不大（见表5），总体而言，大米加工企业数量占据了粮食加工企业数量的大部分，占比达到了一半以上，2018 年大米加工企业数量占全市粮食加工企业数量的 54.6%。但是重庆市与四川省的粮食加工企业差距较大，无论是分品种加工企业数量还是总粮食加工企业数量都远远落后于四川省。

表5　重庆粮食加工企业数量　　　　　　单位：个

年份	小麦加工企业	大米加工企业	食用植物油加工企业	饲料企业	食品及副食酿造企业	粮油机械制造企业	总计
2013	17	210	26	40	23	0	321
2014	8	156	16	37	18	0	239
2015	33	155	35	46	25	0	321
2016	4	110	10	39	16	0	185
2017	7	137	17	44	25	0	245
2018	7	136	17	45	27	0	249

资料来源：《2019 中国粮食年鉴》。

从成渝地区双城经济圈的角度来看，2013—2018 年，四川省和重庆市两地的粮食加工企业数量在全国的占比保持在 5.3% ~ 6.05%，2018 年的占比为 5.75%（见图9）。

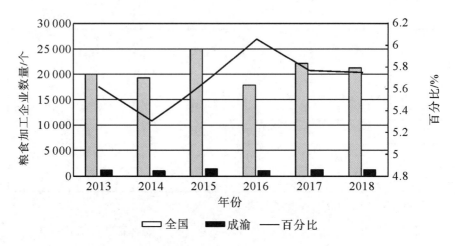

图9 成渝地区和全国粮食加工企业变化情况

资料来源:《2019 中国粮食年鉴》。

（2）粮食加工能力

总体上看，不管是全国还是地方各省份，粮食加工处理能力均呈现出上升的态势，2018 年全国粮食加工业年处理粮食 12.12 万亿吨以上，比 2013 年提升了 8.34%。2013—2018 年，全国粮食加工处理能力变化大致可以分为两个阶段：第一阶段（2013—2014 年）是稳步提升阶段，粮食年加工能力从 2013 年的 106 538 万吨提升至 2014 年的 108 554 万吨；第二阶段（2015—2018 年）为波动变化阶段，2016 到跌破 1 亿吨，为 97 491.3 万吨，2017 年之后大幅增长，年均增速达到了 21.9%，并且在 2018 年达到了历史最高值。而四川和重庆与全国的变化趋势也基本相同，四川省在 2018 年也达到了历年来粮食加工能力的最高值，加工粮食达到 4 013.2 万吨，重庆也是如此，达到了 946.1 万吨。从成渝两地来看，其变化趋势同全国的变化趋势大体一致，在 2013 年之后，突破了 3%，并且占比逐渐提升，在 2017 年达到 4 802 万吨，占比达到了 4.29%，为历年最高值，2018 年成渝两地加工粮食 4 959.3 万吨（见表 6）。

表6 成渝地区和全国粮食加工能力情况 单位：万吨

年份	全国	四川	重庆	成渝地区	占比
2013	106 538	3 314	889	4 203	3.95%
2014	108 554	3 440	930	4 370	4.03%
2015	103 026	2 579	828	3 407	3.31%

表6(续)

年份	全国	四川	重庆	成渝地区	占比
2016	97 491.3	3 501.6	654.8	4 156.4	4.26%
2017	111 880.2	3 896.7	905.3	4 802	4.29%
2018	121 209.1	4 013.2	946.1	4 959.3	4.09%

资料来源:《2019 中国粮食年鉴》。

分品种来看,大米是所有品种中年处理量最大的产业,2018 年全国大米处理能力达到了 36 898.2 万吨,比上年增加了 501.1 万吨,增幅为 1.38%(见表7);通过数据观察,大米加工年处理能力的发展可以分为三个阶段:第一阶段(2013—2014 年),全国大米加工年处理能力保持在 3 亿吨左右,2014 年大米加工年处理能力达 33 234 万吨,2014 年 33 761 万吨,比上年增加了 527 万吨;第二阶段(2015—2016 年),大米加工年处理能力下降,2015 年为 30 738 万吨,相比上年下降了 3 023 万吨,降幅为 8.95%,2016 年跌破 3 亿万吨,下降到 29 908.3 万吨,是历年来的最低值;第三阶段(2017 年之后),大米加工年处理能力快速反弹,2017 年上升至 36 397.1 万吨。从成渝地区来看,大米年加工能力与全国的变化趋势大致相当,加工年处理能力始终在1 200~1 500 万吨波动,2018 年达到了最高的 1 539.2 万吨,占全国比重为4.17%。2018 年四川省的大米加工处理能力为 1 200.7 万吨,在全国排在第八位,而且与第一名黑龙江的差距为 5 768.8 万吨。

小麦加工年处理能力低于大米,2013—2018 年,全国小麦加工年处理能力呈现下降趋势,2016 年跌至最低,只有 18 914 万吨,相比 2014 年减少了 2 741万吨,降幅为 12.66%;2018 年的小麦加工年处理能力为 19 662.5 万吨。而从成渝地区来看,小麦加工年处理能力下降趋势更加明显,2018 年只有252.3 万吨,相比 2013 年减少了 121.7 万吨,降幅为 32.54%。而且重庆的小麦加工年处理能力在 2018 年只有 11.8 万吨,在全国排名也是靠后的,所以成渝两地的小麦加工年处理能力主要靠四川省,但是四川省的小麦加工年处理能力远远低于传统 13 个粮食主产区的年处理能力。

表7 成渝地区以及全国小麦和大米的加工能力 单位:万吨

年份	全国		成渝地区	
	大米	小麦	大米	小麦
2013	33 234	21 726	1 514	374

表7(续)

年份	全国		成渝地区	
	大米	小麦	大米	小麦
2014	33 761	21 655	1 452	336
2015	30 738	19 400	1 287	325
2016	29 908.3	18 914	1 182.9	232.2
2017	36 397.1	19 941.8	1 513.2	261.8
2018	36 898.2	19 662.5	1 539.2	252.3

资料来源:《2019中国粮食年鉴》。

(二) 成渝地区双城经济圈粮食产业发展能力提升面临的主要问题

1. 粮食产需矛盾突出

四川是粮食消费大省,其粮食消费中的口粮消费、工业用粮消费、饲料用粮消费在全国位于前列。重庆是传统的粮食产销平衡区,每年都需要调入粮食以满足消费需求。近年来,四川省和重庆市的粮食总消费量在波动中不断上升。但从粮食供给来看,受两地人多地少、耕地资源紧缺、自然灾害频繁等因素影响,粮食产量波动较大。近十多年来,粮食产需难以平衡,产需缺口逐年增大。其中,饲料用粮的需求快速增长是造成供需缺口的重要原因,也是引起粮食需求总量波动的主要因素。随着经济发展,居民收入水平的提高,居民饮食结构中肉禽蛋奶的消费比重不断提高,但这些高耗粮消费品的消费量受价格波动影响相对较大,亦即价格弹性大,随之饲料粮的数量较口粮及种子用粮的波动更为剧烈。

从粮食生产情况看,两地已连续多年粮食增产,供求矛盾得到了一定程度的缓解。但在"四化同步推进"和发展现代农业的新形势下,土地、水、劳动力等农业生产资源约束日益趋紧,使粮食生产面临很大压力。近年来,虽然两地粮食播种面积相对稳定,但随着耕地面积的减少,种粮效益的下滑,农民种粮积极性不高,保持粮食播种面积稳定的难度越来越大,粮食生产形势十分严峻。尤其是重庆市农业生产自然条件差,基础设施落后,2017年全市有效灌溉面积为69.69万公顷,仅占耕地面积的29.3%,比四川低13.4个百分点,比全国平均水平低21.0个百分点。旱地基本上没有灌溉设施,加上低温、阴雨、洪涝、干旱等自然灾害的影响,常年粮食损失占当年粮食产量的5%左右。此外,生物灾害频繁,每年也造成一定的粮食损失。

2. 粮食生产的总体形势不容乐观

近年来，四川在全国粮食生产中的地位逐年下降，粮食产量从 2004 年的全国第 3 位下降到 2019 年的第 9 位，粮食贡献指数位列 13 个粮食主产区最末。粮食产不足需，结构性矛盾突出，每年"引粮入川"的数量约占自身粮食生产量的 1/3，并且从粮食剩余区转变为粮食短缺区，成为"粮食主产区中的主销区"。为了提高粮食综合生产能力，2014 年《四川省粮食生产能力提升工程建设规划纲要（2014—2020 年）》开始实施，并划定了 90 个粮食生产重点县（市、区），粮食产量有所增长，但增幅不大，稻谷产量年均增长率仅为 0.38%。而且，自 2006 年以来，稻谷播种面积已连续 13 年下降。小麦播种面积和产量已经连续 20 多年下滑。相较于四川省的粮食生产能力，重庆市的粮食产量长期处于中间靠后的位置，2019 年重庆市的粮食产量在全国排第 21 名，人均粮食产量更是低于四川省和全国平均水平，并且有逐年下降的趋势。今后相当长一段时期，四川省和重庆市在保障粮食安全方面将面临着更加复杂的形势和更加严峻的挑战。

3. 粮食生产的要素约束增强

（1）土地资源约束加剧

近年来，通过落实最严格的耕地保护政策，耕地面积快速下降的局面有所遏制，但从农业生产能力提升的角度来看，仍然面临诸多困难。一是土地细碎化严重，人均耕地面积少。2018 年四川省按户籍人口计算的人均耕地面积仅有 1.106 亩（1 亩≈666.67 平方米，后同），重庆市为 1.044 亩，均低于全国 1.455 亩的平均水平，且坡耕地面积比重高，推行农业适度规模经营的难度大。二是耕地质量不容乐观，主要表现为中低产田面积大且污染较重，对农业单产水平的提高有明显的制约作用。在全省耕地中，中低产田面积占七成以上，造成农产品产量年际稳定性较差。三是耕地撂荒现象严重，尤其是丘陵、山区等偏远地区的耕地撂荒形势更加严峻。由于大量青壮年劳动力外出务工、农业劳动力短缺、地理条件限制、种植比较效益低、土地流转机制不健全、农业机械化程度不高等，部分地区农村耕地大面积撂荒。例如，据四川省开江县 2020 年 6 月对任市镇响水滩、甘棠镇马号等山区村的调查，约有 3 成耕地撂荒；另据广元市利州区的调查，全区有 1.9 万亩耕地撂荒，约占全区耕地面积的 15.5%。耕地撂荒严重，复耕难度大，使原本数量不多的耕地更加稀缺。

（2）劳动力老龄化严重

据第三次全国农业普查数据，2016 年，四川省农业生产经营人员中，55 岁及以上的人员占比为 38.1%，比全国的 33.6% 高出 4.5 个百分点；重庆市农业生产经营人员中，55 岁及以上的人员占比为 45.0%，比全国高出 11.4 个百分点；四川省初中以下学历的农业生产经营人员占比为 94.9%，重庆市为 94.6%，分别比全国的 91.8% 高出 3.1 个百分点和 2.8 个百分点，其中四川省未上过学的农业生产经营人员占 9.0%，重庆市为 6.6%，分别比全国的 6.4% 高出 2.6 个百分点和 0.2 个百分点。农业劳动力老龄化趋势明显且受教育年限低和接受新技术的能力有限，致使四川面临严峻的"谁来种地"困局。

（3）农业科技推广体系薄弱

纵向来看，虽然四川省和重庆市农业生产条件也在不断改善，但粮食产量的增长水平仍然较低，表明传统农业的精耕细作达到较高水平之后，单纯依靠改善生产条件来提高粮食产量的作用有限，未来应主要以科技进步作为粮食增产的新动力，着力提高单产水平。但是，目前的关键问题在于没有建立起有效的技术推广机制，公益性技术推广困难。当前农业科技推广人才队伍面临人员素质偏低、队伍不稳定、工作积极性不高等现实问题，严重制约了农业科研成果的转化和应用。在乡、镇基层推广机构中，具有大专以上学历的推广人员相当少，还有很大比例的中专及以下文化程度的人员在从事农业技术推广工作。近年来，农民专业合作社虽然在农业技术推广方面发挥了一定作用，但由于综合实力较弱，带动能力有限。这些都在一定程度上影响了农业新技术的推广应用和效益发挥。

4. 农户种粮的积极性不高

造成这种情况的原因是粮食生产成本上升，种粮利润减少。以四川省为例，2018 年，四川中籼稻、小麦、玉米三种粮食生产的平均总成本为 18 539.40 元/公顷①，比 2009 年提高了 10 288.5 元/公顷②，增幅为 124.70%。粮食生产成本上升主要是物质和服务费用、人工成本上升和土地成本增加所致；粮食生产成本的快速上升导致粮食生产的净利润急剧下降，2018 年，中籼稻、小麦、玉米三种粮食生产的平均净利润为−3 626.40 元/公顷，比 2009 年减少了 5 261.40 元/公顷（见图 10）。

---

① 四川省 2018 年主要农产品成本预测分析，见四川省人民政府网，http：//www. sc. gov. cn/10462/10464/10797/2018/6/6/10452516. shtml。

② 苗芊. 四川省 2009 年主要农产品成本收益情况分析 [J]. 2010 (4)：12-18.

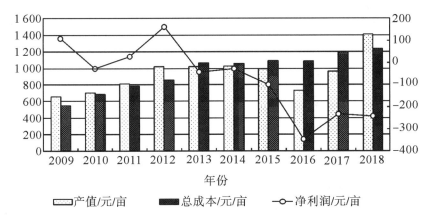

图 10　2009—2018 年四川省三种粮食生产的产值、成本与利润变化

资料来源：历年四川省主要农产品成本收益情况报告。

5. 粮食应急加工能力不足

成渝地区双城经济圈粮食加工业的发展对于该区发展粮食经济、提高粮食安全保障工作有着极为重要的作用。同时加强成渝地区双城经济圈粮食加工设施的建设，在很大程度上有力地保证了成品粮油的供应，特别是保证了应急粮食供应，以及保证了区域经济社会发展对粮食的需求，在促进经济发展和社会稳定方面起到了不可替代的作用。但是，成渝两地在粮食应急加工业方面仍存在问题，主要表现如下：

（1）粮食加工业结构性问题十分突出

目前成渝地区双城经济圈的粮食加工业取得了一定程度的发展，但是与全国其他地区，尤其是与河南、湖南、湖北等传统粮食主产区相比，差距越来越大，特别是重庆的粮食加工业，无论是粮食加工企业数量还是粮食加工年处理能力都要低于四川省。分品种来看，两地都存在品种结构突出的问题，一方面，两地小麦加工业水平严重下滑，具体表现在小麦加工企业数量少，尤其是重庆表现特别突出。2018 年，重庆市小麦加工企业只有 7 个，四川省也只有53 个，远远低于大米加工业的企业数量。另一方面，两地的饲料加工企业却在快速发展，饲料企业已经成了仅次于大米加工业的第二大加工业。这种结构性问题不仅表现在粮食加工企业的数量上，而且表现在粮食加工年处理能力上。具体表现为：小麦加工年处理能力与全国的差距越来越大，2018 年，两地的小麦加工年处理能力仅占全国小麦加工年处理能力的 1.28%，而同期河北占比为 9.65%，河南占比为 25.29%，山东占比为 21.71%。饲料的加工年处理能力则在不断提高，仅次于大米的加工年处理能力，2018 年两地饲料加工年处理能力为 1 948.2 万吨，全国占比为 5.10%。

（2）总体上粮食产能较大，但是企业规模相对较小，企业成本负担重

2018 年，四川省大米加工企业 357 家，加工年处理能力 1 200.7 万吨，平均每家大米加工企业只能生产 3.37 万吨；小麦加工企业 53 家，加工年处理能力 240 万吨，平均每家只能加工小麦 4.5 万吨。而重庆粮油加工的平均水平远远低于发达地区的平均水平，企业规模小，产量低，难以产生规模效益，市场竞争力弱，严重制约了粮食产业经济的发展。同时粮食加工企业融资难，企业的运营成本较高，严重阻碍了粮食加工企业的发展，这就直接制约了粮食加工企业的研发和创新能力，使得粮食加工企业扩张能力弱。

（3）缺乏成品粮油大型龙头企业

目前成渝两地成品粮油业企业规模小、实力弱、管理粗放等问题突出，市场竞争力弱，缺乏具有产业带动能力的大型成品粮油龙头企业，粮食初加工、粗加工产品多，缺乏市场竞争力。产品品牌影响力仅限于县域、市域辖区内，知名品牌少。中小企业发展面临资源环境约束加大、要素成本上升等挑战，提档升级面临瓶颈约束。

6. 人才队伍老化严重

全面落实"人才兴粮"战略应以高层次、创新型人才为先导，以应用型人才为主体。然而，机构改革后，粮食和物资储备管理机构精简合并，内设科室和行政执法人员、专业人才大幅减少，基层粮食系统人员减幅更大，对依法治粮管储提出了新的考验。此外，从现阶段低温仓库、信息化和"优质粮食工程"等项目建设来看，粮库专业技能人才队伍年龄普遍老龄化，行业发展所需的"适销对路"人才十分紧缺。

（三）成渝地区双城经济圈粮食产业发展能力提升的政策建议

保障粮食安全是一项复杂的系统工程，它贯穿于粮食生产、储备、流通、进口等各个环节，这些环节相互影响、相互联系，形成一个由粮食的生产保障、储备保障、流通保障、进口保障和应急保障为基本内容的粮食安全保障体系。因此，在建立粮食安全保障体系时，不仅需要重视粮食生产环节，也应该重视粮食的储备、流通、进出口和应急保障环节。

1. 以提效稳产为核心，增强粮食生产内生动力

一是立足于"藏粮于地、藏粮于技"战略，切实提高粮食综合生产能力。这就要求一方面要深入推进高标准农田建设，推进粮食生产种植科技的使用和创新；另一方面要稳住粮食播种面积下降的趋势，守住耕地红线，改良和修复被污染的土地，提升耕地质量。二是树立粮食产业绿色发展理念，建设化肥减

施增效示范区，引导农民施用农家肥，推广应用粮食生产标准化，鼓励开展秸秆还田等。三是激发粮食生产内生动力，合理通过各种补贴措施和鼓励办法，提升粮食生产主体的种粮积极性，一切先进的农业科学技术，只有被劳动者掌握，才能转换成现实生产力，因此要不断加强培训和学习，进而提高种粮农民的科学技术水平，减轻劳动强度和提高劳动熟练度。四是要防范粮食生产所面临的各种重大风险，如洪涝灾害、旱涝灾害和霜雪冻害等自然风险，还有粮食价格、成本等市场风险。

2. 以合理消费为基础，规划粮食消费用途用量

一是要利用当前公路、铁路和水路优势，主动融入"北粮南运"和"东粮西运"的粮食流通格局，统筹布局优化物流节点，推广原粮"四散化"运输，进而降低物流运输成本，增加粮食物流运输效率，缓解本地粮食供需矛盾。二是统筹规划各种用途的粮食消费量，口粮消费要做到绝对安全，做好粮食轮换，保障口粮质量，重点规划好饲料和工业转化用粮数量和粮源，同时要加大对种子用粮的保护力度和科学研究，确保能够有充足优质的种子。三是构建节粮减损长效机制，一方面要通过提高现代技术水平和优化经营管理模式来降低粮食在生产、加工、流通和储藏中的损耗；另一方面要厉行节约，加大对粮食节约的教育和宣传工作，增强人们爱粮节粮的意识。

3. 以加工能力为突破，提升粮食企业产业规模

一是提高粮食高效加工转化率，要推进粮油加工企业进行技术升级改造，不断提升粮食加工转化综合生产能力，创新生产技术，强化各项加工质量检测。二是降低粮食加工环节的粮食损耗和浪费，提高粮食加工利用率，合理推进粮食加工深度和力度，深加工与初加工要协调，加强创新力度，既要保障好粮食的营养功能，也要保障好粮食市场功能。三是要完善布局粮油加工体系，扶持一批具有特色的粮油加工企业，打造一批现代化粮油加工企业，尤其是在产粮大县和重要的粮食生产种植地要配套好现代粮食加工设备和企业，高质量打造"成绵德广眉乐"粮食加工产业带，进一步推进川南地区以粮食为原材料的酿酒加工为主的粮油产业带。推动南充等粮食主产区面向重庆市场加工，在永川、合川等粮食主产地进行初加工及适度深加工，同时推动建设粮食加工产业园区的建设。四是做大做强加工企业规模，积极扶持龙头企业的发展并发挥其辐射带动作用。

4. 以提质增效为目标，做强做大粮食产业优势

一是要促进粮食产业融合发展，创新粮食产业发展方式。以"五优联动""产购储加销"一体化发展为切入点，促进粮食全产业链发展。支持粮食企业

与新型粮食生产主体合作，提高粮食企业和市场主体参与粮食生产功能区建设的积极性。二是完善粮食产业发展功能区，推进重庆西部粮食物流园建设，高质量打造以成都为核心的西部粮谷、高标准推动江津德感粮油加工产业园、高起点打造以川南为核心的"通江达海粮油产业集聚区"，统筹推进涪陵临江粮油港口园等粮食产业园区、绿色生态粮油供给基地、特色粮油产业园区建设。发展一批特色粮油产业集聚集群发展区，推进形成一批绿色粮油产业发展聚集区，着力打造巴蜀粮食产业带。三是加快专属粮食品牌建设，发展一批具有市场竞争力和具有自主知识产权并且符合本地特色的粮食品牌。不断提高粮食产品的质量和标准，进而推进粮食产业的高质量发展。

5. 以增强储备为保障，推进粮食仓储设施建设

地方粮食储备规模与粮食生产能力、人口规模、经济发展、灾害影响、交通条件和社会影响力紧密相关。粮食储备要以合理的成本达到理想的宏观调控效果，不仅应该考虑本地区主要生产的粮食品种，也应该根据市场需求来确定合理的储备规模和储备品种结构。四川需要增加一定规模的粮食储备，缩小成渝两地储备规模差距，提升区域内粮食安全保障能力，切实做到"手中有粮，心中不慌"。在粮食消费上两地基本一致，主要有口粮、饲料粮与工业用粮。因此，在粮食品种储备上，需要在增加粮食储备规模的同时，适当调整储备粮品种结构，侧重考虑本地区口粮、饲料粮与工业用粮所需粮食品种。建立专用饲料用粮地方储备，增加优质粮食以及饲料、酿酒等工业用粮的储备比例，以保障口粮消费、饲用及工业用粮需求。同时，建立成品粮和原粮浮动规模机制（根据不同气候温度对粮食储存的难易，保持总储备规模，冬季可以增加原粮储备、减少成品粮储备，夏季可以增加成品粮储备、减少原粮储备），加大面粉面条储备比例。

6. 以创新粮食产后服务模式为抓手，全链条推动节粮减损

建设新型粮食产后服务体系。支持新型农业经营主体和粮食加工企业建设经营性粮食产后服务中心，健全运营机制，创新服务方式，推广合作式、托管式、订单式等服务模式，提升"五代"（代清理、代干燥、代储存、代加工、代销售）和市场信息、生产资料、技术指导等专业化服务水平，加快补上烘干仓储、冷链保鲜、粮油机械等现代化农业物质装备短板，促进农民种粮增收。统筹规划粮食产后服务中心数量和布点、总体建设规模、功能设计等，按需配置设施设备，力争形成产粮大县全覆盖的服务能力，有序向非产粮大县粮食生产集中区延伸，支持三州民族地区、革命老区等按需建设。引导粮食购销加工企业建立原料基地，坚持走"企业+科研+基地+农户"的产业化发展道

路，打造全产业链经营，带动产业发展，辐射带动农户增产增收。大力开展节粮减损行动。继续推进农户科学储粮工程，探索农户"小粮仓"等储粮设施建设的市场化运作方式，引导新型农业经营主体建设使用"大粮仓"，促进粮食提质减损和农民持续增收。大力推广运用低温、智能等储粮新技术新装备，实行粮食分品种分等分仓储存，减少储粮损耗。提高原粮"四散化"运输程度，大力发展多式联运，减少粮食流通损耗，提高流通效率。积极推广适度加工技术，防止过度加工造成粮食、营养和能源浪费。建立"厉行节约，反对浪费"长效机制，倡导绿色健康消费习惯，减少消费浪费。充分利用世界粮食日和全国粮食安全宣传周、科技活动周等主题活动，加强爱粮节粮、科学储粮、健康消费宣传教育，推进粮食流通全链条、多环节、系统化节粮减损，增加有效供给。发挥粮食安全宣传教育基地作用，营造爱粮节粮、反对浪费的良好氛围。加强粮食文化建设。挖掘和整理传统优秀粮食文化，加强粮食博物馆、粮食史陈列馆、图书馆（室）、荣誉室等粮食文化载体建设，加强宣传教育，大力促进粮食文化的繁荣与传播。

二、成渝地区双城经济圈粮食仓储流通能力提升

（一）成渝地区双城经济圈粮食仓储流通现状

1. 地方粮食储备逐步落实

国家在 2014 年，根据当年各地的常住人口数，按照产区 3 个月、产销平衡区 4.5 个月、销区 6 个月的人口消费标准，下达各地地方储备粮食规模。四川省作为全国 13 个粮食主产区之一，国家下达地方储备规模 57 亿斤（1 斤 ＝ 0.5 千克，后同），按 2019 年全省 8 375 万常住人口测算，地方储备仅可保障 2.3 个月的口粮消费；重庆市作为产销平衡区，下达地方储备规模 38 亿斤，按 2019 年全市 3 124 万人口测算，地方储备可保障 4.2 个月的口粮消费。四川省的成品粮油储备规模 10 万吨，是 2011 年按照当年各地主城区人口数 15 天的消费量建立的。2020 年新冠肺炎疫情发生后，四川省及时新增临时成品粮食储备 23 万吨，使全省成品粮食储备规模达到 33 万吨，可保全省城镇人口和农村缺粮人口 10~15 天的供应量。重庆市成品粮食储备规模为 3.8 万吨。

2. 仓储物流设施条件明显改善

随着近年来粮食安全省长责任制的贯彻落实，各地和粮食企业更加重视粮食工作，对仓储设施的新建、改扩建的意愿增强，投入也增大了。同时，四川省积极争取中央资金和地方财政支持，加大仓储基础设施建设力度，完善仓储设施体系。实施低温储粮工程，改善仓储设施条件，逐步构建起了"民生优先、技术多样、标准健全"的低温绿色储粮体系。"十三五"期间，四川省新建智能粮库900万吨，智能粮库比例达到70%，新增粮食仓容130万吨。目前，全省完好仓容达1 600万吨以上，建设绿色低温粮库265个、仓容641万吨，粮食收储能力进一步提升。"十三五"期间，四川省重点规划建设了以成都为中心、15个地级市为重要支撑、100个县级粮食物流产业园区为基础的三级物流节点体系。健全完善粮食物流节点，建成泸州润华物流、西南食谷（一期）等一批重点物流产业园区，流通基础设施持续改善，原粮跨省散运比例较2015年提高12个百分点。

3. 粮食物流大通道基本形成

北部通道：通过宝成铁路、G5高速公路入川，主要是从东北、西北、华北等地区调入玉米和大米，从华北调入小麦和面粉等。

东部通道：华北、华中粮食通过襄渝、达成铁路入川，华南沿海等港口所采购的进口粮食通过成渝铁路入川。川东北作为全省粮食主产区，部分余粮通过襄渝铁路运往重庆和东部沿海地区。

南部通道：利用长江黄金水道，在泸州、宜宾和乐山等地承接东北来粮。攀西地区除省内平衡外，可经云南承接东南亚粮食补充。

西部通道：四川省西部是粮食流入区，粮食主要依靠汽车运输，是西藏后方粮食供应地。

（二）成渝地区双城经济圈粮食仓储流通能力提升存在的主要问题

1. 粮食仓储物流基础设施仍然薄弱

西南地区气候高温高湿，储粮条件复杂，而现阶段绿色储粮、智能粮库等技术处于初期阶段，粮食物资仓储规模小、网点分散、储备设备使用效率不高。从四川省的情况来看，第一，达州、巴中、南充、广安等一些主产区、主销区仓容不足，立筒仓、铁路罩棚、仓间罩棚的体量较小，无法满足现代粮食物流、大宗粮食流通以及高效快速出入库的需求。第二，阿坝州、甘孜州和凉山州自然条件特殊、粮食应急保供任务重，但粮食仓房老化、设备陈旧、仓房布局不合理，严重影响着粮食的储存安全、质量安全，粮食应急保供有一定隐患。第三，仓储设施布局及仓型结构不合理，成渝两地主要以立筒仓和浅圆仓为主，机械化程度低，仓库布局分散，缺乏实现无缝作业散粮接发能力。

2. 粮食物流体系尚未健全

四川省是粮食调入大省，但物流渠道较为单一，粮食物流体系尚未健全。四川省粮食通过铁路运输的比例超过90%，但省内专用线和车站货位仓库不足，铁运集中到货，出货不及时，加上容易受各种自然灾害影响，导致铁路运能有限。物流设施配置不优，立筒库和浅圆仓仓容仅占总仓容的1.2%，机械化程度低。物流服务功能缺失，尚未形成全省性粮食运输信息管理系统、公共信息交换和电子商务平台。同时，由于粮食入川为包装运输，流通速度慢、劳动力成本高、作业效率差且浪费严重。

3. 粮食仓储物流信息化建设滞后

粮食储备及流通能力现代化建设短板明显，粮库业务管理、出入库、仓储保管、安防等业务领域的机械化、智能化水平较低；信息化建设不规范、不平衡、标准不统一、信息技术老旧、互联互通不足，不同程度存在"信息孤岛"现象。国有粮食收储企业信息化升级改造覆盖率为50%，距离全覆盖的目标仍有较大差距。

(三) 成渝地区双城经济圈粮食仓储流通提升的政策建议

1. 加强仓储基础设施建设，促进粮食仓储流通基础设施提档升级

突出绿色导向，实施绿色仓储设施提升工程。按照"政府引导、统筹规划、突出重点、分级实施"原则，根据粮食产业发展、产销状况、运输条件和应急保障需要，巩固提升绿色低温储粮能力水平。探索建设数字粮库，大力发展防尘降噪、环保、清杂等绿色智能仓储，提升仓储设施绿色化、智能化水平，推动仓储设施布局优化和提档升级，实现政府储备粮的绿色仓储全覆盖。积极推动粮食仓储退城入园，促进仓储物流相对集聚。新建一批容量较大、储粮功能完善的标准化智能粮库，重点推进一批带动性强、配套设施齐全、现代化水平高的粮食仓储物流综合项目建设。加快推进智能仓库、低温仓库和绿色仓库等现代仓储设施建设，做好仓储设施维护的常态化。大力实施"仓顶阳光"工程，开展绿色仓储示范行动，带动提升低温储粮技术应用效能，逐步构建绿色低碳储粮体系。鼓励对接优质粮油分类收储等专业化收储需求，配套改造建设必要仓储设施。全面落实国家粮食仓储设施保护制度，做好仓储设施维护的常态化，确保仓储能力满足需要。加快推进民族地区仓储设施改造升级。加快补短板、强弱项、促提升，提高仓储和应急保供能力。建成一批成品粮油应急低温粮库，保障城乡居民和部队应急供应。统筹粮食和物资仓储库的利用，提高仓储库利用率。

2. 优化仓储流通布局结构，提升稳价保供能力

根据成渝地区双层经济圈粮食安全和保供稳价需要，以保障粮食安全为底线，科学调整并落实地方粮油储备规模，进一步优化储备区域布局和品种结构，全面落实新增地方储备规模、省级储备补库计划。省级储备按照人口数量、粮食产需以及中央在川储备分布情况，以大中城市、粮食产区、灾害频发

地区和缺粮地区为重点，相对集中储存，在全省科学布局。市县级储备原则上储存在本区域内，实行分级负责、分级储备、分级管理，确保数量真实、质量完好、储存安全、管理规范。各级地方储备口粮品种比例原则上不低于70%，确保口粮绝对安全。争取扩大中央储备大豆、玉米、小麦等品种在川存储规模，更好地发挥储备"压舱石"作用。建立健全中央储备和地方储备、政府储备和社会储备协调机制，保持中央储备粮规模基本稳定，全面完成地方储备粮增储任务。鼓励符合条件的多元市场主体参与地方粮食储备相关工作。适应粮食需求变化和保供稳价需要，适当增加优质品种的储备比例。调整储备结构，实现政策性储备与市场化需求相衔接，适时调整品种结构。以稻谷、小麦、油菜籽储备为主，适当增加玉米储备。成品粮油储备一般应达到10~15天的应急供应量。

3. 提升粮油加工物流水平，创新粮油配送模式

一是促进粮油加工企业提档升级。加快扶持一批优质特色粮食加工企业进行技术升级改造，倒逼落后产能退出，引领新老产业协调发展、新旧动能有序转换。扶持一批具有核心竞争力、行业带动能力的大型骨干加工企业和成长性好、特色鲜明的中小加工企业。二是统筹推动粮食精深加工与初加工、综合利用加工协调发展，避免过度加工造成不必要的浪费。增加专用型、功能性食品有效供给。支持开发稻谷、油菜籽副产品等粮食精深加工产品。推动地方特色粮油食品产业化，加快发展地方特色产品和名优特色产业。三是全力打造以应急配送中心为基础，以农贸市场、生鲜超市和零售网点为补充的农产品市场流通体系。建议每个市州建立一个大中型粮油应急配送中心，有条件的县（市、区）改造建设一个区域性粮油应急配送中心，实现粮油配送网络全覆盖。

4. 强化粮食产销衔接，创新粮食产销合作新技术

产销衔接是高质量保供的关键。无数事实证明，在粮食供给形势总体向好的情况下，粮食安全的风险往往出现在流通环节。如果流通不畅，即使有供给，也无法顺利送达消费者手中。新冠肺炎疫情期间封村断路，流通受阻，对城乡居民的生产生活造成了严重影响，再次验证了畅通产销的重要性。一是深度融入以国内大循环为主体、国际国内双循环相互促进的新发展格局，不断拓展产销合作新机制，打造内陆粮食产业链开放高地。充分利用成渝地区优质粮食生产基地、仓储物流和市场优势，合理布局仓储物流节点，高起点打造巴蜀粮食走廊，大力引粮入川。二是实施粮油"走出去"行动，鼓励通过合资、合作、参股等方式培育和组建大型跨区域粮食收储、加工和经营企业。加强与传统粮源地开展多种形式的产销合作，跨区域建立商品粮生产和收储基地、加

工园区、营销网络。借助成渝地区双城经济圈建设契机，逐步扩大与重庆及长江中下游省（市）的粮食产销合作规模，加快大型综合物流园区建设，畅通物流通道，提高粮食流通的组织化程度，增强粮源保障。三是探索"物联网+大数据+云计算"等新技术在粮食产销合作中的应用，支持粮食企业互联网发展。四是积极参加中国粮食交易大会、西博会等产销协作活动，促进产销成果转化。

5. 完善粮食物流体系，保障粮食调入

（1）打通外向粮食物流通道

①南向通道。通过成昆线、内昆线以及规划在建的隆黄铁路、昭攀丽铁路等推进新津粮油产业聚集区、彭山川粮集团粮食物流中心、宜宾中国酒都粮食物流中心、四川泸州粮食物流中心建设，强化与粤港澳大湾区、北部湾经济区、南亚和东南亚开放合作，发挥泸州、宜宾港国家进境粮食指定口岸功能，推进自贡粮油无水保税港建设，打造以川南四市为核心的"通江达海粮油产业集聚区"。

②东向通道。有序推进粮食物流节点建设，加强与长江沿江省市协同联动、错位发展，以达万线、达成线、遂渝线和成渝线为主要通道，推动"东粮西运""杂粮东运"。

③西向通道。推动成都国际粮食物流枢纽港建设，加快青白江进境粮食指定口岸建设。

④北向通道。充分发挥四川省粮油储备调控中心、四川省（青白江）现代粮食物流加工产业园区作用，完善北部粮食物流入川通道，利用宝成、襄渝、兰渝线和在建的成兰铁路，调入东北、华北和西北的玉米、大米、小麦和面粉，提高"北粮南运"效率。

（2）构建满足成渝地区粮食安全的现代粮食物流通道

依托成渝区域综合高速公路网络，以水运、铁路（公路）无缝对接为核心，推进铁（公）水联运，规划和建设川东北经济区、成都平原、川南经济区等重点地级市一批区域重点现代粮食物流基础设施项目，打造"西南粮食物流通道散粮接卸先进装备试验区、先进技术示范区、物流模式创新先行区"。

在铁路上，利用成达万等高铁线路。在水路上，用好长江黄金水道，串联万州、泸州、宜宾、乐山等港口。在公路上，主要是用好川东、川北物流路线。要特别注重铁水公联运，可考虑在万州港由成渝两地联合建设粮食仓储物流基地，外省万吨轮船到港卸货，经中转运往两地。

（3）加强物流节点建设

在泸州、宜宾港设立港口物流中心，在南充、广安等成渝连接带设立物流中心，发挥粮食运输、仓储、加工等中心枢纽作用，提升现代化物流装卸能力。

规划实施一批县区现代粮食物流园区（或企业）改造提升工程。结合"粮食产业高质量发展示范县"优化布局，重点支持川东北经济区物流节点县（区）健全完善县级粮油物流节点体系，围绕重点成品粮加工、应急成品粮加工等骨干企业的发展和实际需要，提升全省粮食物流现代化水平和信息化服务能力。

6. 建设现代仓储体系，提升设施水平

（1）加大基础设施建设力度

根据成渝地区粮食产销分布和地方储备布局，进一步优化仓库布局、改善仓型结构、提升仓库功能，重点解决主产区和重点销区仓储设施不足和收纳库仓储设施陈旧、功能老化等问题，确保粮食敞开收购和安全储存需要。加快推进在建项目进度，采取有效措施对总体进度缓慢、自筹资金落实难的仓储项目进行协调、指导，确保早日建成投入使用。

（2）提升仓储现代化能力

加快低温储粮技术应用研究，试点配套建设仓顶阳光工程，促进全省低温绿色储粮技术更加全面可持续应用和发展。以"数字化"涉粮数据为支撑、"智能化"仓储业务为主干、"可视化"远程监管为重点、"精准化"应急调控为手段，加快实现全省粮食行业信息化互联互通。

（3）健全粮食质量安全监测体系

扎实推进"优质粮食工程"粮食质检体系建设，建成以省级为骨干、市级为支撑、县级为基础的公益性为主、社会检测力量为补充的，布局合理、层级分明、衔接有序、运行高效、科学完善的粮食质量安全检验监测体系，积极改善粮食质量安全预警监测与检验把关能力不足、基层粮食质检机构严重缺失等问题，确保监测覆盖面达到全省产粮县60%以上。加强粮食质检体系运行保障和管理，实现功能定位清晰、区域布局合理、检验监测能力强、运行机制良好、服务业务范围广、质量安全保障有力。

三、成渝地区双城经济圈粮食应急保障能力提升

粮食应急保障体系建设是粮食安全保障能力提升的重要内容。近年来，随着成渝地区双城经济圈粮食应急保障体系的不断健全，应急保障能力不断提升。为了应对地震、洪涝、泥石流、新冠肺炎疫情等突发事件，四川省建立起了应急小包装储备机制，其中省级大米的小包装大约1万吨、菜油2 800吨，能够保障全省15天的消费量，截至2021年年底，全省设立应急加工企业240家，应急供应网点3 400个，改建区域性配送中心21个。重庆市的粮食应急保障体系也在逐步完善。

（一）粮食应急保障能力提升的必要性

1. 国内外复杂环境导致粮食安全风险挑战凸显

世界正经历"百年未有之大变局"，我国的外部政治经济环境将会更加复杂，粮食安全形势将更加严峻。近年来，国际格局加速演变，逆全球化叠加疫情冲击，国际粮食市场博弈和风险加剧，贸易垄断、价格波动等不可控因素增多，导致全球粮食供给体系的不稳定性和不确定性加剧。根据联合国粮农组织（FAO）公布的《2020世界粮食安全和营养状况》数据，2019年全世界有6.9亿人处于饥饿状态，占世界人口的8.9%，一年中增加了1 000万人，五年中增加了6 000万人；全世界有近7.5亿人面临重度粮食不安全，有20亿人无法正常获取安全、营养、充足的食物。按照这个发展趋势，世界到2030年将难以实现零饥饿的目标。2020年，由于新冠肺炎疫情引发的经济衰退，全世界食物不足人数将新增8 300万人至1.32亿人。新冠肺炎疫情的蔓延影响了劳动力流动、货物运输、农业生产资料供给，主要粮食出口国采取出口限制和"囤粮"保护措施，打击粮食生产并中断粮食供应链，区域性粮食短缺现象依然严重。2021年粮价持续上涨并维持高位运行，从而给成渝地区双城经济圈粮食应急调控以及企业收储轮换造成困难。可以说，一旦发生重大突发事件，如果粮源入川困难，那么粮食安全就有隐忧。

2. 粮食产需缺口不断扩大

在粮食产业发展环节中，流通和储藏环节作为中介环节，是保障粮食产业系统能够流畅和完整运转的重要一环，在粮食产业系统中发挥着"蓄水池"的作用。实际上成渝地区双城经济圈的粮食消费需求量在不断扩大，导致该区产不足需，供需缺口越来越大，这就迫使需要从外调入粮食，以平衡该区的粮食需求量。具体来看，2010年重庆市就已经从外省调入粮食总量353.3万吨，此后调入量逐渐扩张，每年都基本在300万吨以上，有的年份还突破400万吨，相当于重庆市粮食总产量的30%以上，具体如表8所示。

表 8　重庆市粮食调入量　　　　　　　　　单位：万吨

年份	2010 年	2011 年	2012 年	2013 年	2014 年	2015 年	2016 年	2017 年	2018 年
购入量	453	418	489.2	464	447.8	464	497	539	404
销售量	513	444	566	521	530	525.7	545	461	330
市外购入量	355.3	346	392.4	410	325	300	315	413	308

资料来源：《中国粮食年鉴 2011—2019》。

　　四川虽然是传统意义上的粮食主产区，但是从最近几年的数据来看，四川和重庆存在同样的问题。由于四川人口多，加之现代化、工业化和城镇化的快速推进，使得该区粮食产不足需的情况日益严重，因此四川省近几年来也同样需要从外省调入粮食以平衡消费需求。四川省粮食流通现状呈现出"两个并存"的特点，一是四川省粮食总量供应充足和粮食结构性不足矛盾并存。目前四川省口粮基本能够实现自给，从省外调入的粮食主要是为了满足饲料消费用粮、工业转化用粮等，同时粮油对外依存度较高。二是省内粮食连年丰收与省外调入量持续增大并存。自 2007 年以来四川省的粮食总产量连续丰收，与此同时，"引粮入川"的数量也随之增加，从 700 多万吨快速地增长到 1 200万吨以上，"十二五"期间，四川共收购粮食 3 046 万吨，销售粮食 5 508 万吨，引粮入川 6 014 万吨，2017 年之后的几年粮食调入总量都保持在 1 500 万吨以上，具体如表 9 所示[①]。受资源要素约束、土地重金属污染、自然灾害频发影响，四川省粮食持续增产难度大，应急救灾保供任务重。

表 9　四川省粮食调入量　　　　　　　　　单位：万吨

年份	2012 年	2013 年	2014 年	2015 年	2016 年	2017 年	2018 年	2019 年
调入量	1 500	1 500	1 200	1 350	1 367	1 517	1 839	1 760

资料来源：历年四川省政府工作报告

　　3. 结构性调入矛盾突出

　　从粮食调入结构来看，无论是重庆还是四川，在口粮方面基本都能够自给自足，需要从外省调入的主要是玉米、小麦以及大豆等。重庆市 2013 年的玉米调入总量为 100 万吨，占粮食调入总量的 40% 以上，并在之后年份里都保持在 100 万吨以上，2018 年玉米调入总量为 187.4 万吨，占比为 60.8%；小麦的调入量呈现出减少的趋势，2013 年重庆小麦调入量和玉米相当，到 2018 年小

---

　　① 资料来源：四川省人民政府（http://www.sc.gov.cn/10462/10464/10797/2016/1/29/10366938.shtml）。

麦的调入量只有 37.6 万吨；粮食消费需求升级与优质粮油供给不足的供给错配矛盾，使粮食供需缺口不断扩大，2018 年需要从外省调入 123.5 万吨来满足需求，这主要是因为重庆本地籼米口感较差，仍需从市外调入优质大米调剂市场需求。

四川的总体情况和重庆大致相当，口粮基本能够实现自给，主要是调入玉米和工业转化需要用粮，常年调入量在 1 800 万吨左右。

综上所述，从成渝地区的粮食生产、消费以及调入情况的分析可以发现，虽然粮食产量的总量较高，作为全国 13 个粮食主产区之一的四川省粮食总产量甚至可以排在全国的前列，但成渝两地的人均粮食产量比全国人均粮食产量低，而人均粮食消费量却比全国水平高，每年产销缺口超过 2 500 万吨，超过川渝地区粮食年产量的 50%。这意味着四川和重庆的粮食对外依存度已经超过30%。由于成渝地区粮食产量继续增产越来越难，无法依靠自身生产满足粮食消费需求，已成为事实上的粮食主销区，一旦出现突发事件，应急保障的任务将十分繁重。

(二) 粮食应急保障能力提升存在的主要问题

1. 粮食应急保供基础仍然薄弱

成渝地区气候高温高湿，储粮条件复杂，而现阶段绿色储粮、智能粮库等技术处于初期阶段，粮食仓储、物流及救灾物资储备设施基础薄弱，民族地区仓储设施陈旧老化，粮食物资仓储规模小、网点分散、储备设备使用效率不高。在物流体系方面：一是粮食物流渠道单一，铁路运输率超过 90%，应对突发情况的能力较差；二是物流设施配置不优，机械化程度较低，物流服务水平处于大有序而小无序的状态。

2. 粮食和物资储备结构性短缺

成渝地区粮食库存消费比仅为 17%，储备保供风险大，品种结构性矛盾日趋突出，口粮品种和品质调剂、饲料及工业等转化用粮需从省外调入解决。同时土壤重金属污染问题日益突出，资源要素约束严重，粮食持续增产难度大。部分品种粮食供求结构性失衡问题凸显，落实县级成品粮油应急储备难度较大。县（市、区）级物资储备基础设施薄弱，条件简陋，物资品类匮乏，管理不规范。

3. 缺乏成品粮油大型龙头企业

目前成渝地区双城经济圈成品粮油业企业规模小、实力弱、管理粗放等问题突出，市场竞争力弱，缺乏具有产业带动能力的大型成品粮油龙头企业，粮食初加工、粗加工产品多，缺乏市场竞争力。产品品牌影响力仅限于县域、市域辖区内，知名品牌少。中小企业发展面临资源环境约束加大、要素成本上升等挑战，提档升级面临瓶颈约束。

4. 应急保障能力需进一步提升

成渝地区自然灾害频发，四川省的183个县（市、区）均列入地震烈度6度及以上，防灾备灾压力大，应急保供任务繁重。应急救灾物资储备体系还不健全，应急救灾物资储备库建设标准较低、储备规模参差不齐、救灾物资储备管理人才队伍建设亟待加强。

5. 信息化建设滞后

粮食储备及流通能力现代化建设短板明显，粮库业务管理、出入库、仓储保管、安防等业务领域的机械化、智能化水平较低；信息化建设不规范、不平衡、标准不统一、信息技术老旧、互联互通不足，不同程度存在"信息孤岛"现象。尚未形成全省统一的粮食运输信息管理系统、公共信息交换和电子商务平台，国有粮食收储企业信息化升级改造覆盖率为50%，距离全覆盖的目标仍有较大差距。

（三）粮食应急保障能力提升的对策建议

1. 健全粮食市场监测预警体系

构建新型粮食市场风险监测预警机制是提升应急保障能力的前提和基础。围绕成渝地区双城经济圈粮食安全大局，需要进一步强化粮食流通统计调查，完善粮食收购、储存、物流、加工、销售等数据采集、分析和发布机制，优化监测网点布局，推进数据标准化管理，实现数据资源互通共享。加快构建系统全面、专业权威、及时高效的新型粮食市场监测预警体系，加强专业团队和专职机构建设，强化分析会商和综合研判，建立完善数据整合、共享和信息发布、上报工作机制，主动发布粮油供求价格等信息，合理引导市场预期。加强粮食市场价格监测预警，确保信息监测网络全覆盖；密切关注粮油产品的产销动态，重点观察农产品批发市场、农贸市场、农（商）超等一线农产品的市场价格变动情况；优化价格预警分析模型，以面粉、大米、食用油等主要粮食品种或单一品种市场价格在15天内涨跌幅20%为基准，充分利用云平台、大数据技术优化信息资源配置，及时发出价格预警信息，并做好各项应急供给准备工作。

2. 加强综合性应急保障网络建设

聚焦提升区域性综合性应急保障能力，加强综合性现代粮食应急保障中心建设。推进区域中心城市应急加工配送体系建设，加快完善全链条粮油应急供应体系，打造一批综合性粮食应急保障中心。推进应急保障网络功能提升，支持粮油应急加工设施和成品粮仓储物流设施建设，加快构建覆盖全面、布局合理、运作高效、保障有力的粮油配送网络，提升应急响应能力。支持冷链物流发展。

3. 加快推进现代粮油加工配送基地建设

聚焦提升成渝地区双城经济圈粮食应急保障能力，高起点推进成都和绵阳等 7 个区域中心城市粮食应急中心建设，完善原粮储备、成品粮储备、应急加工能力储备等应急基础设施，打造应急基地，提升应急保供效率。支持城镇密集区、川渝毗邻地区应急基地建设，提升区域应急保障能力。

4. 加强成品粮油应急加工能力储备

按照区域日均粮油消费需求量，建立一定比例的粮油应急加工能力储备。要提高粮食储备调节能力，完善粮油产品的常态化储备制度。鼓励符合条件的多元市场主体参与地方粮食储备相关工作，合理确定成品粮油储备规模。成品粮油储备一般应达到 10～15 天的应急供应量；加快推进智能仓库、低温仓库和绿色仓库等现代仓储设施建设，重点加强粮油生产大县（市、区）、城镇人口密集区、灾害频发地区和关键物流节点的仓储能力建设，加快推进三州及少数民族地区老旧仓房的维修改造与升级，切实改善仓储条件，提高仓储和应急保供能力；强化应急能力储备，加强政策支持和资金投入，重点培育发展一批大型龙头加工企业，按照区域日均粮油消费需求量，建立一定比例的粮油应急加工能力储备；加大成品粮油应急低温储备库建设的支持力度，严格落实储备任务，确保每个县保有一定数量的成品粮油应急储备。

主要参考文献

［1］郭庆华. 新时期确保我国粮食安全的思路与建议［J］. 粮食问题研究，2020（6）：4-8.

［2］姜燕，孙茜. 粮食主产区对我国粮食安全的贡献分析［J］. 安徽农学通报，2019，25（7）：6-8.

［3］李先德，孙致陆，贾伟，等. 新冠肺炎疫情对全球农产品市场与贸易的影响及对策建议［J］. 农业经济问题，2020（8）：4-11.

［4］滕红，吕怒江，谌思. 新常态下重庆粮食供需及安全评价分析［J］. 中国统计，2015（3）：26-27.

［5］魏霄云，史清华. 农家粮食：储备与安全：以晋浙黔三省为例［J］. 中国农村经济，2020（9）：86-104.

［6］姚惠源. 中国粮食加工科技与产业的发展现状与趋势［J］. 中国农业

科学，2015，48（17）：3541-3546.

[7]赵颖文，吕火明.四川省粮食生产比较优势测评及主要影响因素分析[J].农业经济与管理，2019（5）：64-73.

[8]崔奇峰，王秀丽，钟钰，等."十四五"时期我国粮食安全形势与战略思考[J].新疆师范大学学报（哲学社会科学版），2021（1）：1-11.

[9]邓宗兵，封永刚，张俊亮，等.中国粮食生产空间布局变迁的特征分析[J].经济地理，2013，33（5）：117-123.

[10]韩建军，邹亚丽.区域粮食储备的地区差异与规模确定分析[J].自然资源学报，2019，34（3）：464-472.

[11]黄杏子，张士杰.粮食产业高质量发展与农民增收问题研究：以河南省为例[J].粮食科技与经济，2019，44（11）：31-35.

[12]李丰，蔡荣，曹宝明，等.中国粮食发展报告：中国粮食产业[M].北京：经济管理出版社，2017.

[13]李光泗，杨崑，韩冬，等.高质量发展视角下粮食产业发展路径与政策建议[J].中国粮食经济，2020（2）：61-64.

[14]汪希成，潘虹宇.基于系统动力模型的四川省粮食生产与消费趋势情景仿真[J].四川师范大学学报（社会科学版），2017，44（3）：70-79.

[15]汪希成，徐芳.我国粮食生产的区域变化特征与政策建议[J].财经科学，2012（4）：80-88.

[16]王瑞峰，李爽，王红蕾，等.中国粮食产业高质量发展评价及实现路径[J].统计与决策，2020，36（14）：93-97.

[17]王晓君，何亚萍，蒋和平."十四五"时期的我国粮食安全：形势、问题与对策[J].改革，2020（9）：27-39.

"农业十大举措":新时代粮食产业高质量发展的路径抉择①

杨继瑞　罗志高　曾蓼

重庆工商大学成渝经济区城市群产业发展协同创新中心　重庆 400067

西南财经大学成渝经济区发展研究院　　四川成都　 610074

【摘要】 随着科技革命和产业革命的不断深化,农业高质量发展已经成为国内外学术界探讨的重要话题,农业高质量发展也已成为农业革命的重要内涵和重要实践。马克思主义农业理论的中国化与伟大实践已经在我国农业发展领域结出了丰硕成果。立足新发展阶段,贯彻新发展理念,构建新发展格局,我们要以系统化的"土、肥、水、种、密、保、管、工、绿、市"的"农业十大举措"引领和促进我国农业的高质量发展。

【关键词】 农业高质量发展;新发展阶段;新发展理念;双循环新发展格局"农业十大举措"

在双循环新发展格局下,农业仍然是我国的基础性产业。在新发展阶段大背景下,农业的根本出路和革命性变革在于走高质量发展道路。农业高质量发展,指的是农业产品、结构布局、供给体系以及产业发展的高质量,体现了系统性与科学性的统一。坚持农业高质量发展,既要保证农业生产全过程的高质量,也要相应地推进农业标准化生产与质量监管,又要强化现代农业要素的集成运用,以提高农业质量、全要素生产率以及农业的竞争力。因此,新时代农业高质量发展是一个大系统工程。所以,以系统性的"农业十大举措"引领我国农业高质量发展,无疑是十分必要和积极有益的。

一、农业高质量发展:国内外的理论与实践

随着科技革命和产业革命的不断深化,农业高质量发展已经成为国内外学

---

① 本报告是教育部人文社科重点研究基地重庆工商大学长江上游经济研究中心开放课题(KFJJ2016001)的研究成果。

术界探讨的重要话题，农业高质量发展也已成为农业革命的重要内涵和重要实践。

农业高质量发展与农业要素的精确配置息息相关。信息时代为科技融入农业带来了可能，从而使精确农业得以发展起来。精确农业于20世纪80年代中后期起源于美国、加拿大、澳大利亚及西欧。精确农业是通过系统方法，重新组织农业系统，发展低投入、高效率、可持续的农业。20世纪90年代初，欧洲的精确农业已经开始研究与走向实践。从1996年起，法国国立蒙彼利埃高等农业学院就对精确葡萄种植业展开了大量的研究与实践。日本在农业的研究上，发展了"精准农业模式"，这种模式是基于共同体的，促进了日本农业收益最大化的实现。

精确农业主要采用的技术与设备包括：全球定位系统（GPS）、地理信息系统（GIS）、小型电脑模块、自动控制、田间遥感、移动计算、先进的信息处理、远程通信。精确农业利用大量数据，精确计算了每个田块的肥料、化学物质、种子、灌溉资源需求，实行田块的个性化投入和生产，因为田野地形和地理属性对庄家种植与管理有很大影响①。

虽然精确农业的环境效益没有系统和定量测量，但一些研究已经揭示了积极证据。有学者认为，农业结构重组后，精确农业技术能适应不同的农场规模；精确农业与作物模拟模型和GIS相结合，可以优化产量，同时最小化水和氮的输入。在华盛顿，全球定位系统（GPS）接收器和数据记录器被用于跟踪日志采集机的活动。当精确农业的附加好处如减少环境负担也被认可时，精确农业技术会得到更多认可。

20世纪90年代中期以来，精确农业技术引起了中国农业工程师的关注。肖志刚等（2003）阐明了精确农业的概念及其技术体系，并阐明了中国精确农业的现状及存在的问题，指出了中国精确农业发展的思路。姚建松（2009）阐述了我国精确农业发展存在的问题，就我国发展精确农业的必要性进行了深入分析。邝朴生等（1999）论述了精确农业的必要性及其技术体系。汪懋华（1999）认为，精确农业必将扩展到大农业经营各个领域，推动农业生产的信息化与知识化，逐步形成基于农业生物科学、电子信息技术及工程装备为主导的农业高质量发展技术体系。

随着中国特色社会主义进入新时代，人民日益增长的美好生活需要为农业

---

① BISHOP T F A, MCBRTNEY A B. Interpolation techniques for creating digital elevation models [C]. In: Precision 99; Proceedings of the 2nd European Conference on Precision Agriculture (Stafford J V, ed),. Sheffield Academic Press, UK, 1999 (2): pp 635-646.

高质量发展提供了内在动力，农业供给侧结构性改革进入了攻坚和深化阶段。寇建平（2018）指出，我国农业已经由数量农业转变为质量农业发展阶段，必须走产出高效、产品安全、资源节约、环境友好的高质量发展现代农业道路①。王穗村（2018）论述了宜兴市农业园区的高质量发展，提出现代农业园区必须坚持高质量发展，必须牢记保护环境，必须强化科技创新。李永松（2018）研究了云南高原特色现代农业高质量发展路径，即农业绿色化、优质化、特色化、品牌化发展，促进农业提质增效，不断提高高原特色农业现代化水平。

二、农业高质量发展：马克思主义中国化的理论与实践

农业在国民经济中的地位在马克思主义理论中深有体现。因为，农业不仅为人们提供赖以生存的粮食蔬菜副食品等，而且"农业劳动是其他一切劳动得以独立存在的自然基础和前提"②。农业的高质量发展，关键取决于土地要素的肥力。而"同样的自然肥力能被利用到什么程度，一方面取决于农业化学的发展，一方面取决于农业机械的发展"③。

中华人民共和国成立不久，毛泽东主席总结出"土、水、肥、种、工、保、密、管"八个农业生产重点，并称之为"农业八字宪法"④。作为我国农业科技的母法，"农业八字宪法"是农业综合技术的高度总结，是传统农业实践经验与现代农业科学理论的完美结合，明确了当时我国农业生产力的着力点，只有抓住农业生产过程中的这八个重点，才能有效地提升农业的产量与质量。

中国的改革发端于农业的联产承包责任制，解放和发展了农业生产力，为农业高质量发展奠定了制度环境基础。在此基础上，"将来农业问题的出路，最终要由生物工程来解决，要靠尖端技术"⑤。农业必须"适应科学种田和生产社会化的需要，发展适度规模经营，发展集体经济"⑥。农业的发展一靠政

---

① 寇建平. 新时期推动我国农业高质量发展的对策建议 [J]. 农业科技管理，2018，37（3）：1-4.

② 马克思，恩格斯. 马克思恩格斯全集（26 I）[M]. 北京：人民出版社，1972：29.

③ 马克思，恩格斯. 马克思恩格斯全集（18）[M]. 北京：人民出版社，1964：733.

④ https://baike. baidu. com/item/%E5%86%9C%E4%B8%9A%E5%85%AB%E5%AD%97%E5%AE%AA%E6%B3%95/10891740? fr=aladdin#1.

⑤ 邓小平. 邓小平文选（第3卷）[M]. 北京：中央文献出版社，1993：275.

⑥ 邓小平. 邓小平文选（第3卷）[M]. 北京：中央文献出版社，1993：355.

策，二靠科学，科学技术的发展和作用是无穷无尽的①。

新时期我国农业的发展，应更加注重农业全要素生产率与农业质量、效益的提升。在中国特色社会主义新时代，我们要以习近平总书记关于"三农"工作的重要论述为引领，促进农业高质量发展。按照"中国要强，农业必须强；中国要美，农村必须美；中国要富，农民必须富"的"三个必须"基础性地位总把握；"任何时候都不能忽视农业、不能忘记农民、不能淡漠农村"的"三个不能"发展规律；以"坚定不移深化农村改革，坚定不移加快农村发展，坚定不移维护农村和谐稳定"的"三个坚定不移"发展取向；落实"产业兴旺、生态宜居、乡风文明、治理有效、生活富裕"乡村振兴的"五大目标任务"；走"城乡融合、共同富裕、质量兴农、绿色发展、文化兴盛、乡村善治和中国特色减贫"的"七条路径"；着力乡村的"产业、人才、文化、生态和组织"的"五大振兴"。2018 年 3 月 8 日，十三届全国人大一次会议山东代表团审议会议上，习近平总书记强调解决好"三农"问题的根本在于深化改革，走中国特色现代化农业道路。按照习近平总书记的指示精神，新时代的农业高质量发展就要"插上科技的翅膀"，即按照增产增效并重、良种良法配套、农机农艺结合、生产生态协调的原则，促进农业技术集成化、劳动过程机械化、生产经营信息化、安全环保法治化，加快构建适应高产、优质、高效、生态、安全农业发展要求的技术体系②。

农业高质量发展是社会经济发展的必然趋势。首先，农业高质量发展是解决"农业发展的不平衡不充分问题"的必然要求，也是满足"人民日益增长的美好生活需要"的必由之路。"民有所呼，我有所应。"其次，新时代要实现乡村振兴，农业高质量发展应是其重要内容。产业兴旺是新时代乡村振兴的基础，生活富裕是新时代乡村振兴的落脚点。因此，谋求包括农业在内的各产业和业态的兴旺发展与农民增收致富，始终是农村工作的重中之重。最后，农业迈入高质量发展阶段是新时代农业跨越发展的必然结果和重要标志，必将推动新时代农业取得高质量发展的重大成果。特别是党的十八大以来，我国已经连续多年在粮食产量上保持 1.2 万亿斤（1 斤＝0.5 千克，后同）以上，这意味着我国已经彻底跨过了"粮食短缺"时代。我们有思路、有方法、有空间、有时间、有毅力、有能力，迎接、战胜农业高质量发展新阶段的各种考验，持续、稳步、高效推进我国农业发展的"转型升级"。

---

① 冷溶，汪作玲.邓小平年谱（1975—1997）（下）［M］.北京：中央文献出版社，2004：860.

② 2013 年 11 月 24 日至 28 日，习近平在山东考察时的讲话。

新时代我国农业农村经济保持了平稳向好态势。这是落实农业高质量发展的稳定条件与坚实根基。农业农村经济发展稳定，落实和促进农业高质量就更有底气、信心和胆魄。我国稳中向优的粮食生产发展态势明显，截至 2021 年年底，我国粮食总产量达到 13 657 亿斤，增产 267 亿斤，生猪产能提前半年实现恢复目标，其他主要农产品市场供应和价格总体稳定；新型农业经营主体数量超 400 万个，呈现出不断壮大的发展趋势；深度贫困地区特色农业发展方案已在各个地区部署实施。新时代中国经济的高质量发展，农业发展不能缺位。因此，在新发展阶段，我们要以中央、国务院部署为号令，统筹农业农村各项工作，以乡村振兴战略为总抓手，不断放活农村体制机制，融合、壮大乡村产业，狠抓农业发展与生态平衡，科学预防化解农灾减产问题，促进农村经济的持续平稳，进一步促进我国农业的高质量发展。

三、农业高质量发展：十大举措的系统工程

习近平总书记 2012 年 12 月在中央经济工作会议上的讲话中指出："手中有粮，心中不慌。我国有十三亿人口，如果粮食出了问题谁也救不了我们，只有把饭碗牢牢端在自己手中才能保持社会大局稳定。因此，我们决不能因为连年丰收而对农业有丝毫忽视和放松。"① 农业高质量发展是生产力与生产关系契合的大系统工程。借鉴毛泽东主席提出的"农业八字宪法"，与时俱进地结合我国农业在新时代的高质量发展，笔者以为，"土、肥、水、种、密、保、工、管、绿、市"这十大举措工程无疑是我国农业高质量发展的路径抉择。诚如习近平总书记所指出的那样，粮食生产根本在耕地，命脉在水利，出路在科技，动力在政策，这些关键点要一个一个抓落实、抓到位，努力在高基点上实现粮食生产新突破②。

（一）"土"即优质土地，是农业高质量发展的要素基础。土地是农业生产的基本要素。农业要为人们提供"米袋子""菜篮子"和"果盘子"③，土地是须臾不可缺的。党的十八大以来，习近平总书记高度重视土地保护工作，多次在会议讲话、考察中谈到土地保护。要好好研究农村土地所有权、承包权、经营权三者之间的关系，土地流转要尊重农民意愿、保障基本农田和粮食

---

① 2012 年 12 月 15 日至 16 日，习近平在中央经济工作会议上的讲话。

② 2014 年 5 月 9 日至 10 日，习近平在河南考察时的讲话。

③ 本文所涉及的农业，主要是就狭义的种植业而言的，广义的农业应该是"农林牧副渔"等产业和业态。

安全，要有利于增加农民收入①。"耕地是我国最为宝贵的资源。我国人多地少的基本国情，决定了我们必须把关系十几亿人吃饭大事的耕地保护好，绝不能有闪失。要实行最严格的耕地保护制度，依法依规做好耕地占补平衡，规范有序推进农村土地流转，像保护大熊猫一样保护耕地。"②"不管怎么改，都不能把农村土地集体所有制改垮了，不能把耕地改少了，不能把粮食生产能力改弱了，不能把农民利益损害了。"③ 第一，要坚定不移地保持 18 亿耕地的底线；第二，要加强土地整治，以便于机械化作业、适度深耕细作、灌溉、排涝、与保持水土；第三，要通过优化保持和投资改良，以确保土地的肥力和生态功能；第四，要深化农业产权制度创新，按照农地集体所有权、承包权和经营权的"三权分置"，促进农地经营权的活化，借以培植以农地产权入股、租赁、合作等类型的新型农业主体、现代化农业集体经济组织和家庭农场。

（二）"肥"即科学施肥，是农业高质量发展的物资养分。俗话说，"庄稼一枝花，全凭肥当家"。肥料特别是有机肥对农作物持续增产和改良土壤都起到了重要作用，但无节制地使用化肥，引起土壤的酸度变化，导致土壤盐碱化。这将直接导致土壤的有机质下降和土地板结，从而阻碍农作物的生长。毛主席早在 1959 年就提出"要大力发展沼气（既能点灯做饭又能作肥料）""一头猪就是一个小型有机肥工厂"等农业发展观点。这是循环农业、生态农业、绿色农业的肥料利用模式。特别是，微生物肥料在促进作物生长与营养元素转化、维持土地肥力、提高肥料利用率、防治土传病害等方面有着独特而高效的作用，契合了农业高质量发展的迫切要求。2017 年，习近平总书记强调"要加强农业面源污染治理，推动化肥、农药使用量零增长，提高农膜回收率，加快推进农作物秸秆和畜禽养殖废弃物全量资源化利用"④。因此，在新时代，农业的高质量发展要通过减肥增效，突出有机复合肥、生物绿色肥对农产品提质增效所起的突出作用，有机复合肥和生物绿色肥势必迎来发展新高潮。

（三）"水"即现代水利，是农业高质量发展的关键命脉。根据水利部数据，截至 2020 年年底，我国节水灌溉面积达 5.67 亿亩（1 亩 ≈ 666.67 平方米，后同），高效节水灌溉面积达 3.5 亿亩。有效灌溉面积由 1949 年的 2.4 亿

---

① 2013 年 7 月 21 日至 23 日，习近平在湖北调研时的讲话。

② 2015 年 5 月 26 日，习近平就做好耕地保护和农村土地流转工作作出重要指示。

③ 2016 年 4 月 25 日，习近平在安徽凤阳县小岗村主持召开农村改革座谈会并发表重要讲话。

④ 2017 年 5 月 26 日，习近平在十八届中央政治局第四十一次集体学习时的讲话。

亩发展到目前的 10.37 亿亩，成为世界第一灌溉大国。在新发展阶段，稳产保供离不开水，但我国水资源不足、时空分布不均、利用率不高等问题十分突出，严重制约了农业高质量发展。近年来，国家和各级地方政府在农业节水灌溉工程建设方面投入了大量的人力、物力和财力，但在农业节水灌溉的工程管理上一直存在着较为突出的"短板"，在水资源可持续利用、饮水安全、防洪减灾、高效节水、水环境治理、农业灌溉等方面与习近平总书记提出的"节水优先、空间均衡、系统治理、两手发力"[①] 新时期治水方针和要求还存在一定差距。在新时代，为了促进农业高质量发展，农业水利建设要从依靠经验转变为依靠新发展理念；水利建设和管理要从以人工为主，向机械化、电气化、自动化为的方向转变；并从单纯的工程建设发展到与植树、种草等生物措施恢复相结合，从单纯的排灌水利建设发展到对水资源以及土壤资源的保护和综合利用相结合。

（四）"种"即种子革命，是农业高质量发展的优质源泉、是农业的"芯片"、是国家粮食安全的命脉。习近平总书记提出"要加强种质资源保护和利用，加强种子库建设"[②]。我国大批农业科技专家致力于种子研究，让农作物良种覆盖率达到了 96% 以上，自主选育品种面积占比超过 95%，其中，水稻、小麦两大口粮作物品种已实现完全自给，确保了习近平总书记强调的"中国人要把饭碗端在自己手里，而且要装自己的粮食"[③]。对优良农作物品种的培育和推广工作，在互助合作化时期已经展开。改良农作物品种、消除农业病虫害等技术上逐渐迈入世界领先地位。培育了小麦、水稻、玉米、大豆、棉花、谷子、油菜等几十个新农作物品种。新时代种子革命的推进，要注重农业政策支持与完善品牌和优良育种相协调，并健全保障品牌发展的法规。要建立种子法治化的监管系统，坚持上下对接管理工作责任，签订规范的种子生产、经营承诺书。同时，我们要加强优良种子的培育，发挥科技研发对农业优良品种和品牌价值提升作用。

（五）"密"即合理密植，是农业高质量发展的科学种植方式。合理密植以及科学套种，一是可以充分利用可耕种面积，提升农作物种植数量。二是可以避免农作物的质量低。因为作物数量过多会导致吸收营养、水分与光照的失衡，进一步致使作物的长势不好。习近平总书记在参加四川代表团审议时提出

---

① 2014 年 3 月 14 日，习近平在中央财经领导小组第五次会议上就保障水安全发表重要讲话。

② 2020 年 12 月 16 日至 18 日，习近平在中央经济工作会议上的讲话。

③ 2018 年 9 月 25 日，习近平在黑龙江考察北大荒精准农业农机中心时的讲话。

"要因地制宜，根据实际情况做细做精农业"①。农业高质量发展，应该加强科学种植的研究和试验，大力发展精准农业和智慧农业，在全国范围健全和完善不同地区、不同季节、不同种类和品种的农作物合理密植和科学套种的大数据库，树立示范样板，为农业种植大户提供精准农业的种植指导。

（六）"保"即农作物保护，是农业高质量发展的保障手段。农作物保护需要生产、科研、教育部门、科技人员、农民群体的通力协作。充分利用技术手段，利用农药、土办法、人工、生态措施等，抑制、根治作物病虫害问题，确保"口粮绝对安全"。但是，我们必须正视这把"双刃剑"：化学农药可有效保障农业生产，防治农业生产的病虫害，达到农产品产量提高的目的，我国每年因此而能够挽回超过 300 亿元的损失；但是也因此而给环境和生态带来了严重的污染与危害。为了促进农业高质量发展，我国农药管理者、研究者、使用者和销售者等要共同努力、共同推动，从管理制度、技术研发、教育培训和污染修复等各个方面完善农药环境管理体系和技术服务机制，实现农药的科学合理使用，更多地采用生物技术、低毒甚至无毒无残留农药，最终实现增产保质、环境保护、生态平衡的农业高质量发展的和谐发展目标。

（七）"工"，即农机具革命，是农业高质量发展的根本出路。1959 年，毛主席提出"农业的根本出路在于机械化"。农业机械化是农业过程中依靠机器推进农业生产的方式。衡量农业的高质量发展，其机械化的程度应是一个重要指标。习近平总书记强调"农业现代化，关键是农业科技现代化。要加强农业与科技融合，加强农业科技创新，科研人员要把论文写在大地上，让农民用最好的技术种出最好的粮食"②。新时代的农业迈入 4.0 阶段，受到了智慧生活、智能技术的深刻影响，将呈现出以大数据、云计算、移动互联网、物联网等为基本手段和重要支撑的现代化新型农业形态。在农业 4.0 阶段，促进农业高质量发展就是要实现信息化与机械化的融合，同步推进农业发展的"新四化"：一是农业生产智能化，通过科技与农业融合，促进农业生产技术进步；二是农业管理高效化，依靠政府决策，整合行业资源，提高农业行政事务效率；三是农业营销网络化，实现农业产品的国内外市场资源整合、农业资本的顺利流通；四是农业服务便捷化，做到农业行政服务更便利，促进农业生产、销售的高效推进。

---

① 2017 年 3 月 8 日，习近平参加十二届全国人大五次会议四川代表团审议时的讲话。
② 2020 年 7 月 22 日，习近平在吉林考察时强调。

（八）"管"，即科学的田间管理，是农业高质量发展的综合手段。三分种、七分管。"管"就是综合运用与科学配置"种、土、水、肥、密、保、工、绿、市"等生产要素。如间苗、中耕、灌溉、追肥、培土、防冻、防虫、压蔓、整枝等，确保农产品绿色和市场需求。为了保证田间管理效果，需要根据作物生长发育特征以及当地自然条件，灵活、针对地采取相应措施。习近平总书记强调，要提高农民素质，培养造就新型农民队伍，把培养青年农民纳入国家实用人才培养计划，确保农业后继有人①。为此，我们要深入推进乡村振兴战略，促进农村繁荣和劳动力回归，培养一大批新兴职业农民和种田能手，加大对科学田间管理的各种技能培训，建立示范基地。同时，要支持新型职业农民享受创新创业扶持政策，给予他们更多政策关怀，使财政补贴、金融保险、产业扶持、人才激励等政策能够为他们的田间管理服务。

（九）"绿"，即绿色生产，是农业高质量发展的生态本底。绿色发展是新时代生态文明建设的重要组成部分，也体现了农业现代化发展的内在要求。习近平总书记强调，要树牢绿色发展理念，推动生产、生活、生态协调发展，加强农业生态环境保护和农村污染防治，统筹推进山水林田湖草系统治理，完善农产品产地环境监测网络，加大农业面源污染治理力度②。由于过量使用农药、化肥，近年来我国的农业发展面临着巨大的资源压力。生态环境的"红灯"亮起，昭示了加快农业转型升级、实现农业绿色发展的必要性和紧迫性。因此，必须防止农业发展过程中的"面源污染"，实施农业绿色发展的"农作物秸秆处理""畜禽粪污资源化利用""农膜回收""果菜茶有机肥替代化肥"和"水生生物保护"五大行动。同时，要加快建设农产品质量安全追溯体系，加速国家追溯平台的应用与推广，建立农业生产信用档案制度，对面源污染严重的实施"黑名单"管理，为无公害农业、绿色农业和有机农业的发展强化制度保障。

（十）"市"，即市场拓展，是农业高质量发展的重要条件。习近平总书记指出，要推进农业供给侧结构性改革，提高农业综合效益和竞争力③。在社会主义市场经济条件下，农业高质量发展，要按照政府主导，市场配置资源的经济规律，调整农业结构完善农业投入机制，切实增加农业投入完善农业家庭组织形式，加大农业产业化步伐把握区域经济特点，积极实施名牌战略。及时转变基层政府的职能，通过建立全方位、多层次的服务体系变管理为服务。正确

---

① 2013年12月23日至24日，习近平在中央农村工作会议上的讲话。
② 2019年3月8日，习近平参加十三届全国人大二次会议河南代表团审议时的讲话。
③ 2016年3月8日，习近平参加十二届全国人大四次会议湖南代表团审议时的讲话。

处理好农业生产与农业市场的关系，帮助农业生产、经营主体抢抓市场机遇。大力发展创汇农业、订单农业和合同农业，帮助农业生产、经营主体克服市场结构调整中的分散性和盲目性。同时，要以互联网+农业、公司+农户+科技服务+市场服务、农业实体+合作经济+行业组织等为路径，大力发展农村电商和农业物流，使农业与大市场无缝对接。以消费需求为导向建立生产经营体系，并通过电子商务实现无缝对接产销。加快农业供给侧结构性改革，促进农业结构高质化和经营市场化；提升农业组织的现代化和生产经营的标准化；引领农业品牌的优质化和生产经营的国际化，从根本上改善农业的"弱智"现象，大幅度地提升我国农业发展的质量、效益与竞争优势。

主要参考文献

［1］WHELAN B M, MCBRATNEY A B, BOYDELL B C. The impact of precision agriculture ［J］. Proceedings of the ABARE Outlook Conference, "The Future of Cropping in NW NSW", Moree, UK, July 1997：5.

［2］ZHANG N, WANG M, WANG N. Precision agriculture：A worldwide overview ［J］. Computers and Electronics in Agriculture, 2002, 36（2-3）：113-132.

［3］SHIBUSAWA S. Precision farming and terra-mechanics ［C］. Fifth ISTVS Asia-Pacific Regional Conference in Korea, October 1998：20-22.

［4］STAFFORD J V. Precision agriculture' 97 ［M］. London：BIOS Scientific Publishers Limited, 1997.

［5］ARDOIN N, TISSEYRE B, SEVILA F. Specifications for decision support systems in precision viticulture ［M］. In：Book of abstracts of Bio-decision98 conference, Montpellier：Agro-Montpellier, 1998：55-56.

［6］TISSEYRE B et al. Precision viticulture：Precision location and vigour mapping aspects ［M］. In：Proceedings of 2nd European Conference on Precision Agriculture, Denmark, 1999：319-330.

［7］SHIBYSAWA S. Innovation in precision agriculture ［J］. Journal of the Society of Instrument and Control Engineers, 2009, 48（2）：151-156.

［8］ITOKAWA N. Applications of precision agriculture technology for upland crops and prospects ［J］. Journal of Japanese Society of Agricultural Machinery, 2007, 69（6）：4-7.

［9］GIBBONS G. Turning a farm art into science：An overview of precision farming ［EB/OL］. URL：http：//www. precisionfarming. com, 2000. Accessed 10

August 2016.

［10］LOWENBERG-DEBOER. Economics of precision farming：Payoff in the future ［EB/OL］. URL：http：//pasture.－ecn. purdue. edu//mmorgan/PFI/pfiecon. html. Purdue University，IN，USA，1996.

［11］WHITLEY K M，DAVENPORT J R，MANLEY S R. Difference in nitrate leaching under variable and conventional nitrogen fertilizer management in irrigated potato systems. Proceedings of Fifth International Conference on Precision Agriculture （CD），July 16/19，2000. Bloomington，MN，USA.

［12］汪懋华.“精细农业”发展与工程技术创新［J］. 农业工程学报，1999（1）：7-14.

［13］肖志刚，张曙光，么永强，等. 精确农业的现状及发展趋势的研究［J］. 河北农业大学学报，2003（S1）：256-259.

［14］姚建松. 我国精细农业发展前景探讨与研究［J］. 中国农机化，2009（3）：26-28，36.

［15］邝朴生，刘刚，邝继双. 精细农业技术体系初探［J］. 农业工程学报，1999（3）：1-4.

［16］王穗村. 农业园提质增效高质量发展的实践：以宜兴市兴杨现代农业产业园为例［J］. 江南论坛，2018（2）：55-56.

［17］李永松. 推进云南高原特色现代农业高质量发展［J］. 社会主义论坛，2018（3）：19-20.

四川省推动粮食产业
高质量发展的实践探索

胥镤 曹勇

四川省粮食和物资储备局法规与监督审计处 四川成都 610000

【摘要】近年来，四川省在"中国好粮油"行动、"天府菜油"行动和产后服务体系建设方面取得了积极成效，但仍然存在粮食产后服务体系建设有待强化、"好粮油"行动综合评价有待完善、深入打造"天府菜油"品牌面临一定困难等问题。"十四五"期间，四川省将从统筹全产业链协同发展、打造优质粮食工程升级版、深入实施"天府菜油"行动、推动粮油加工业加快发展、深化粮食产销合作、全链条推动节粮减损等方面加快推进粮食产业高质量发展。

【关键词】四川；粮食产业；高质量发展

近年来，四川深入贯彻习近平总书记"擦亮农业大省金字招牌"重要指示精神，认真落实省委省政府关于落实国家粮食安全战略、推进成渝地区双城经济圈建设和构建现代农业"10+3"体系有关部署，全省粮食和储备系统以优质粮食工程为主要抓手，有效增加绿色优质粮油供给，推动了粮食产业高质量发展。2021年全省粮食行业入统粮油企业工业产值2 530亿元左右、增长19%。到2021年年底，全省优质粮食工程总投入约34亿元（其中，中央约9.5亿元、省财政约4.5亿元），重点开展"中国好粮油"行动示范、建设粮食产后服务体系和实施四川省"天府菜油"行动，从提高粮食优质品率、促进收获环节节粮减损、加强粮油品牌建设等方面，打造了粮食产业高质量发展的有效载体。

一、基本情况及成效

（一）"中国好粮油"行动

出台《四川"优质粮食工程"专项建设管理办法》《四川省粮食和物资储

备局关于进一步做好全省优质粮油品质测评有关工作的通知》等系列规章制度，遴选产粮产油大县为建设主体，依托县域内骨干粮食企业为实施主体，建基地、育产业、创品牌、优供给、拓市场，实施粮食产购储加销"五优联动"，推动优质粮油产品提质增优，有效提高优质粮油产品供给，全链条全环节引导粮食产业提质增效，建设"中国好粮油"行动示范县18个。

一是构建优粮优产利益共同体。采用"企业+基地+农户（合作社）"等模式，调优种植结构，增加优质原粮，推动优粮优产。通过"好粮油"行动示范，全省粮食优质品率增长超过30%，优质粮食增加约340万吨，带动农民增收约48亿元。有力调动和保护地方重农抓粮、农民种粮积极性，形成了邛崃市、南江县等一批"好粮油"行动示范先进典型。邛崃市示范企业成都市新兴粮油公司，依靠科技兴油，调整品种结构，引导建成20余万亩（1亩≈666.67平方米，后同）的无公害绿色食品标准化油菜基地，带动4.8万余户农户参与"公司+农户+基地"的经营模式，促农增收3 000余万元。南江县示范企业南江县翡翠米业有限公司，带动全县优质粮油增加16万吨左右，粮油销售收入超过3.2亿元。

二是引导形成优粮优购机制。建设和改造提升各类粮油质量安全检验监测中心88个，建立起省级为骨干、市级为支撑、县级为基础、企业为补充的全省粮食质量安全检验监测体系，强化质量导向推动"好粮卖好价"。中江县示范企业四川雄健公司，做优"雄健丰田"品牌，引导永太、黄鹿、富兴等乡镇建种植示范基地4个，推广"川麦104"等优质小麦种植、技术培训，签订种植4.68万亩，以高于60~120元/吨保护价收购优质小麦1.43万吨，市场收购1.37万吨，助农增收321.7万元。南江县长赤翡翠米业公司引导1万余户水稻种植农户配套发展"鱼稻共生、鱼鸭共生"项目，稻米收购价格比市场高出30%，种植农户增收效果明显。2021年，全省优质稻、优质油菜籽收购价格比普通稻、油菜提升15%左右。

三是打造绿色优粮优储体系。针对四川气候高温高湿、粮食品质易劣变等不利情况，以粮食仓储环节"绿色优储"为落脚点，率先在全国大规模实施低温储粮工程。目前，全省已在21个市州、170个县建设绿色低温粮库265个、仓容641万吨，其中400万吨仓容已建成投入使用，在部分低温库中配套建设"仓顶阳光"项目，初步构建起绿色低温储粮体系，地方储备实现绿色低温"全覆盖"。坚持绿色储粮，以提升仓房气密性和保温隔热性能为基础，探索精准控温、生态防虫等绿色低温储粮新技术的综合应用，有效减弱了粮食自身代谢，延缓了品质劣变，保持了粮食的新鲜度和营养价值。由此，优粮优储经济效益明显，每吨粮食增加综合收益 100 元以上。

四是加强技改促进优粮优加。支持示范企业改造升级加工生产线，发展"好粮油"产品，推进区域骨干粮食企业做优做强。2021 年，45 家"好粮油"企业淘汰落后产能 2.6%，产值增长 31.5%，销售收入、利润总额分别增长 47% 和 25%。遂宁市船山区示范企业中豪粮油公司，优化生产线改造，推动企业提档升级，打造智能化工厂取得了明显成效。公司按照智能制造和数字化工厂理念优化流程，设计工艺，采购新设备，践行新技术，调整建设方案，建成国内领先的智能化小榨浓香菜籽油加工厂，实现智能仓储、智能生产、智能管控、智能采集和智能追溯和"一键式"管理，实现传统生产换挡升级。同时，与国家粮科院、西华大学等深入合作，建成"全程不落地"绿色粮油收储保障体系，研发出"低氧储存、智能压榨、微波震动、离心脱杂、浓香精炼"五大核心工艺技术，带动优质油菜籽出油率增加 5.2%、产品优品率整体提升 21%。

五是品牌引领带动优粮优销。遴选符合标准的四川优质粮油产品，授予"四川好粮油"称号 76 个。目前，12 家粮油企业的 14 个产品荣获"中国好粮油"称号，其中大米产品 5 个、菜籽油产品 7 个、挂面产品 2 个，粮油质量提升和品牌打造取得新成效。各地示范企业依托"好粮油"品牌，广泛宣传产品，畅通营销渠道，强化产品市场拓展，有效提升了企业实力。四川雄健公司在成都、重庆、云贵设了 3 个办事处，打造了一批"好粮油"样板店，构建起线上线下联动、批零兼营、点对点物流配送的营销体系。南江长赤翡翠米业公司在周边市县强化实体直营经营模式，打造出一批高标准"好粮油"样板店，进驻善融商城、天猫、拼多多等平台，健全销售网络配送体系。新冠疫情暴发后，该公司按照订单完成两批优质大米加工，并第一时间发送上海，为做好疫情期间上海大米市场应急保供工作，贡献了南江"好粮油"力量。

（二）"天府菜油"行动

四川地处长江上游，是传统的油菜种植优势区域，也是全国油菜籽生产和消费大省。四川菜油尤其是浓香型菜油"色香味"独特，是"川菜之魂"。为发挥四川油菜籽资源特色和川产菜油产品优势，推动特色资源优势向品牌优势、产业优势、经济优势转变，高位定标推动四川油菜产业高点起步，四川省启动实施了"天府菜油"行动。以"天府菜油"品牌建设为引领，提升油菜籽价值链、完善供应链、延伸产业链，推动油菜扩面增效，实施油料油脂"产加储销"融合发展，加快构建现代化"川油"产业体系。

一是提升产品价值链。创建"天府菜油"公共品牌，注册"天府菜油"

商标，成为全国首个成功拥有商标的粮油公共品牌。依托央视、机场广告等媒体和中国粮食交易大会、西博会等宣传品牌，在上海、西安、杭州、兰州、重庆等开展"天府菜油、香飘九州"全国行活动，奠定品牌价值基础。在第11届中国粮油榜上，"天府菜油"被评为中国粮油影响力公共品牌第2位，"天府菜油"已成为四川粮油的"金字招牌"和"川字号"农产品的靓丽新名片。严格品牌产品的全程质量控制，制定实施"5+4"团体标准（原料、油品、副产物5个产品标准和种植、储存、加工4个技术规范），其中，《天府菜油-浓香菜籽油加工技术规范》《天府菜油-油菜籽》《天府菜油-浓香菜籽油》三项入选国家"2021年粮食领域团体标准培优计划"。

二是完善产品供应链。由省粮食行业协会发起，坚持"高标准、开放性、有进有退"原则，由15家骨干油脂企业、2家科研院所和3家销售终端自愿结成跨行业非营利性联合体，组成"天府菜油"产业创新联盟，构建起市场需求与产品开发、生产加工与消费流通等环节的"纽带桥梁"，打造了行动"先行者"，发展优质原料基地，做优优质菜油产品，引导产销有效衔接。首批授权10家企业10个"天府菜油"品牌产品，已进驻盒马鲜生、成都红旗超市等，以及京东、天猫、苏宁易购、拼多多及其他社交类电商平台销售渠道。目前，第二批19个"天府菜油"产品正在公示并将授权使用品牌，"天府菜油"将更多地进入优质粮油产品市场、更好地满足群众消费升级的需要。2021年，成都市新兴粮油公司、德阳市年丰食品公司2家产业联盟企业的年产值分别突破20亿元。全省入统食用植物油加工企业工业产值298.4亿元，增长29.7%。

三是推动产业链融合。抓好"菜花蜜油粕"，积极发展"天府菜油"优质原料基地、绿色油菜籽和蜂蜜"双产双收"示范基地、油菜花节等农旅融合基地，全产业链融合发展势头强劲。推动中江、苍溪等县区建设10个10万亩原料基地县。建设"天府菜油"产业融合发展暨产油大县示范县45个，其中，阿坝县、道孚县等10个县发展高原油菜种植，推动打造了2条高原藏区油菜花生态旅游环线。启动首届"天府菜油"优质油菜品种评选活动，逐步构建"天府菜油"主推油菜品种体系，从源头上更好地保障油菜产业全链的快速发展。农业农村部已将四川省油菜全产业链重点链纳入全国农业全产业链重点链建设名单。2021年，全省油菜籽产量超过330万吨，呈持续增长趋势。"天府菜油"引领"川油"产业高质量发展行稳致远，已经闯出了一条"川字号"特色粮油发展新路子。

（三）粮食产后服务体系

以产粮大县为主，全覆盖建设粮食产后服务中心，健全完善四川粮食产后服务体系。

一是多业态建设服务中心。坚持"共建共享",以国有粮食企业为主建成产后服务中心 171 个,以专合社和民营企业为主建成产后服务中心 182 个,覆盖全省 21 个市(州)、涉及 73 个产粮大县和 28 个粮食生产较为集中的非产粮大县,基本形成了布局合理、满足需要的新型社会化粮食产后服务体系。广汉市整合专合社和国有粮食企业等 53 家主体形成核心骨干,组成利益联合体建设产后服务中心,由 52 名专业人员组成产后技术服务队,强化科技支撑、改进服务技术、培育服务平台、创新服务方式,网络化实施产后服务,年服务粮食种植 17 万亩左右,烘干 30 万吨左右,减少晾晒、虫霉、鼠害等粮损千余吨,助农增收近千万元。

二是多元化实施产后服务。粮食产后服务中心通过整合烘干清理、收储加工、质量检测等资源,开展"代清理、代干燥、代储存、代加工、代销售"的"五代"服务,提供粮食清理、干燥、收储、加工、销售及其他延伸服务,为农民解决"后顾之忧"。同时,收获粮食经及时清理、干燥、分类处理,减少了霉变、虫害、储存等损失,确保了品质、杂质、水分等控制在标准范围内,有效促进了粮食提质进档并减少了粮食损失。据调查,国有粮食企业产后服务中心年实际清理烘干量 0.6 万吨左右,存储量 1.2 万吨左右,清理提质后每吨增收 40 元左右、烘干提质后每吨增收 120 元左右,减损率达 3%左右,经济和社会效益良好。

三是多方式延展服务领域。积极拓展服务领域,增强综合服务能力,助力地方粮食产业发展,实现粮食兴、产业旺、经济强。宜宾南溪区产后服务中心,主动对接酿酒专用粮需求,实施"六代一配"(代质检、代收购、代清理、代干燥、代储存、代加工、配送),近三年来中心为各类战略合作伙伴"六代一配"粮食 10 余万吨,每年减少粮食损耗近 200 吨,间接增收超过 100 万元。眉山市好味稻水稻专业合作社,整合农机、粮机等设施设备优化产后服务,坚持"农技、农资、农机、质量标准、加工销售""五统一"为社员服务,稳步提升种粮比较效益,从而提高了农民种粮积极性,为保障地方粮食安全做出了贡献。

二、存在的主要不足

一是粮食产后服务体系建设有待强化。部分产后服务中心业态相对单一,多以粮食清理烘干收储为主,设备运营周期短且受气候因素影响大,粮食作物成熟期短且集中,主要品种稻谷的收粮期每年仅 20 天左右,服务周期相对较短，综合服务程度还不够。部分产后服务中心因管理技术人才、流动资金缺乏导致运营成本相对较高，同时，产后服务中心分散，在服务宣传、推广力度不够，市场竞争力不强。以市县为单位整合粮食产后服务体系不够，中心数量和服务范围还需要进一步扩大。

二是"好粮油"行动综合评价有待完善。"好粮油"行动以县为主体，支持有条件的粮食企业向上游延伸建设原料基地、向下游延伸发展粮油加工，建设物流、营销和服务网络，有效提升粮食优品率，推动全产业链高质量发展。但实践中优品率计算存在难度，计算方法尚不够清晰，优质原粮、优质粮油概念尚缺乏标准，种植与加工侧重的优质原粮各有不同。同时，粮食行业企业准入门槛相对较低，涉及参与的利益个体众多，各地"好粮油"遴选标准不一，"中国好粮油"称号的规范使用和宣传推介需进一步加强。

三是深入打造"天府菜油"品牌面临一定困难。"天府菜油"品牌建设以粮食、农业等行业部门引导为主，由于体制、机制及资源配置的限制，尚不具备真正的市场化服务功能，导致企业参与公共品牌建设的动力不足，品牌建设的持久性和系统性面临挑战。产品品质是品牌的核心竞争力，四川省油脂企业弱小分散，公共品牌缺失建设和管理主体，若品牌产品准入较低，容易出现"劣币驱逐良币"的情况。目前，部分联盟企业已建设产品质量追溯体系，但以企业为主体的质量溯源采用的标准不统一、追溯信息参差不齐、信息共享程度不高，需农业、粮食、市场监管等部门进一步加强数据共享，推动油料油脂"产购储运加销"全程质量追溯管理。

三、"十四五"规划及下一步打算

深入贯彻落实习近平总书记对"粮头食尾""农头工尾""做好粮食市场和流通的文章"等系列粮食产业发展的重要指示精神，"十四五"期间，四川将继续抓住粮食这个核心竞争力，深入推进优质粮食工程，提升粮食供给质量和水平，推动构建更高层次、更高质量、更有效率、更可持续的成渝双城经济圈粮食安全保障体系，为保障国家粮食安全和川渝两地粮食产业经济的持续、稳定发展贡献力量。

目前，四川省粮食和应急物资储备"十四五"发展规划已由省发展改革委、省粮食和物质储备局联合印发实施。规划提出"打造西部粮食和物资储备综合保障枢纽"，对粮食产业高质量发展进行部署。

一是统筹全产业链协同发展。以推动延伸产业链、提升价值链、完善供应链"三链协同"为主要目标，以优粮优产、优购、优储、优加、优销"五优联动"为发展方向。

二是打造优质粮食工程升级版。延伸"好粮油"行动，拓展质检服务、产后服务，开展粮食绿色仓储、品种品质品牌、质量追溯、粮机装备、应急保障能力、节约减损健康消费的"六大提升行动"。

三是深入实施"天府菜油"行动。开展品牌培育、基地提升、产能优化、融合发展、科技创新五大工程，重点在品牌塑造上做优、基地建设上做大、加工企业上做强、销售渠道上做广、科技创新上做深，推动"全产业链"融合发展，构建现代化"川油"产业体系。

四是推动粮油加工业加快发展。推动成都都市圈粮油深加工、川南酿酒用粮转化加工、川东北绿色优质粮油加工、安宁河谷特色粮油加工、川西北发展青稞、高原菜籽油加工，强化粮食产业安全"五圈"，对接成渝双城经济圈粮食安全协同保障区。

五是深化粮食产销合作。拓展互利共赢省际合作关系，建立长期稳定的产销合作长效机制。加大玉米、大豆等的采购调入，满足饲料、酿酒等生产加工市场需求。

六是全链条推动节粮减损。完善粮食产后服务体系，推广运用低温、智能等储粮新技术新装备，促进粮食物流环节减损，加强粮油加工副产物高效循环利用，发挥粮食安全宣传教育基地作用，加强粮食安全宣传教育。

主要参考文献

[1] 胡小平. 粮食流通保障体系研究 [M]. 我国粮食安全保障体系研究，2013（10）：230-232.

[2] 汪希成. 中国城乡居民食物消费结构的变化与时空差异 [M]. 中国粮食发展40年，2019（11）：63-67.

[3] 丁声俊. 粮食问题研究 [J]. 中国"粮业"大变与加强"粮安"大保障的研究：下篇，2021（5）：5-14.

粮食加工企业社会责任储备的法律分析

李荣¹，何金刚²

1. 四川师范大学全球治理与区域国别研究院　成都　610066

2. 四川师范大学法学院　成都　610066

【摘要】 企业社会责任储备是粮食加工企业履行社会责任而承担的日常最低库存以及特定情况下的最低最高库存，具有公共利益性、主体特定性等特征。各地采取措施强力推进企业社会责任储备，但存在法律属性尚不清晰、定位不明确、激励和约束机制有待完善等问题，须加大立法力度明确其法律地位，调整约束机制，优化实现机制。

【关键词】 社会责任储备；粮食加工企业；法律分析

自国家提出完善体制机制加强粮食储备安全管理相关要求并明确由各省级政府负责建立粮食加工企业社会责任储备后，各地纷纷修改法规规章或者出台相应的指导意见，就粮食加工企业建立社会责任储备作出安排。然而，社会责任储备的边界、义务主体、法律属性、责任保障等在各地实践中呈现不同的样态，这极大影响了社会责任储备制度的有效建立。对此，有必要进一步厘清社会责任储备的法律属性，以有效推进地方粮食储备"市场化运作新机制"①的建设。

一、社会责任储备的法律面相

（一）本质内核

何为社会责任储备，这是法律属性研究首先需要明确的问题。部分相关文件和法律文本对此概念进行了界定，总体上呈现出两种不同的做法。主流做法采用因循国家文件中的基本界定。中办48号文件《关于改革完善体制机制加

---

① 武汉市首次探索建立地方储备粮企业社会责任储备机制［EB/OL］.［2020-10-30］.http://fgw.wuhan.gov.cn/xwzx/fgyw/202010/t20201030_1486996.html.

强粮食储备安全管理的若干意见》将社会责任储备界定为：粮食加工企业依据法律法规明确的社会责任所建立的库存，依照法定程序动用。各地的地方立法以及规范性文件也基本沿循这一框架，或者在这一框架上进行适度扩张。如2022年1月1日施行的《河南省储备粮食管理办法》（以下简称《河南办法》）第三条基本沿用这一界定，将社会责任储备界定为"粮食加工企业根据国家和本省规定建立的库存"。《山东省粮食社会责任储备管理暂行办法》（以下简称《山东办法》）则将社会责任储备界定为：由规模以上粮食加工企业依据法律法规明确的社会责任建立，政府可依法有偿动用的粮食库存。《四川省粮食安全保障条例》（以下简称《四川条例》）和《四川地方储备粮管理办法》（以下简称《四川办法》）使用了企业社会责任储备一词，但未界定其内涵，不过在随后出台的规范性文件《关于建立粮食加工企业社会责任储备的意见（试行）》（以下简称《四川意见》）中将社会责任储备界定为"规模以上粮食（含食用植物油）加工企业依法履行社会责任所建立的粮食库存"。郑州市《关于建立我市粮食加工企业社会责任储备的实施意见》（以下简称《郑州意见》）中也基本沿用了这一界定，即社会责任储备是规模以上粮食加工企业依据法律法规明确的社会责任所建立的成品粮库存。此种界定强调了社会责任储备属于企业履行社会责任而建立的库存，但何为社会责任并未明确，库存本身的性质也不清晰。

另一种界定则将社会责任储备与《粮食流通管理条例》第十九条规定的"执行特定情况下的粮食库存量"相联系，定位于"法定的最低库存保有量"。如《上海市地方粮食储备安全管理办法》（以下简称《上海办法》）没有明确界定社会责任储备概念，但在第二十七条规定：本市规模以上粮食加工企业、大型超市、粮食批发市场、餐饮企业等应当依法建立社会责任储备，保有日常最低库存量的粮食。第二十九条规定：在粮食价格大幅度波动或者处于粮食应急状态时，社会责任储备主体应当执行市人民政府确定的最低、最高库存量标准。这也就是将社会责任储备限定为"相关主体依法应当保有的日常最低库存量以及特定情况下的最低最高库存量"。与此相似的做法是《九江市粮食加工企业社会责任储备管理暂行办法》（以下简称《九江办法》），其虽然没有明确界定社会责任储备，但在第九条储备主体义务中明确规定，储备主体应当达到核定的最低库存保有量，在粮食市场出现供需严重不平衡、大幅度价格波动，或者处于应急状态时，社会责任储备主体应当执行市人民政府确定的最低和最高库存量标准。也就是说，社会责任储备是储备主体依法保有的日常核定最低库存以及在特定情况下的最低最高库存。这一界定模式试图将社会责任储备进一步明确为法定义务，库存的性质定义为日常最低库存量或者与法律早已确定的最低最高库存量相联系。

两种定义思路各有优势，本文赞同第二种界定思路，特别是《九江办法》的界定边界，即社会责任储备是符合条件的粮食加工企业依法应当建立的用于市场调控、防范风险的库存，包括日常最低库存、履行特定情况最低最高库存义务建立的库存。这一界定有三个优势：

一则有利于突出社会责任储备宏观调控功能属性。"特定情况下的最低最高库存"通常被解读为《粮食流通管理条例》规定的特殊情况下的最低最高库存量，是法律赋予粮食行政管理部门进行宏观调控的一种手段。这一规则本身是为维护公共利益而设定的，但仅限于特定情况，即仅限于粮食市场供过于求、供不应求两种情况，且只是对市场主体的市场行为进行调控，并未着眼于增强日常的宏观调控能力本身。由于企业社会责任储备"在粮食市场异常波动、应急保供和防范风险中发挥稳定市场缓冲作用"，这一界定同样立足于社会公共利益维护视角并对前一思路进行了拓展，从特殊时期拓展到日常，从关注市场行为到突出调控工具属性，更好地彰显了社会责任储备的功能价值。

二则有利于细化社会责任储备的边界。相比第一种界定思路，这一思路直接明确了社会责任储备的外延边界：日常最低库存、履行特定情况最低最高库存义务建立的库存。这相比第一种界定思路"履行社会责任建立的库存"更加清晰，更为明了。

三则有利于落实法律明确规定的法定义务。尽管《粮食流通管理条例》以及相应的地方法规、政府规章对特定情况下的粮食库存量进行了规定和明确，但在实践中这一义务因不具有可操作性而很难得到落实。但若将其纳入社会责任储备范畴，辅之以详细的鼓励、监管措施，则有助于这一法定义务的落实。

不过，限于篇幅的原因，后文仅就日常最低库存意义上的社会责任储备进行讨论。

（二）相关概念界分

按照《粮食流通管理条例》《四川条例》的规定，我国的粮食储备分为中央储备和地方储备，地方储备则由地方政府储备（省、市、县三级储备）和企业储备（社会责任储备、商业库存）构成。故而，社会责任储备在粮食储备体系中属于地方储备，需要与地方政府储备、商业库存进行概念界分。结合各地的规定和做法，表1大体区分了三者之间的差异。

表 1 地方政府粮食储备、企业社会责任储备、企业商业库存比较表

要素	类别		
	地方政府粮食储备	加工企业 社会责任储备	企业商业库存
责任主体	地方政府	粮食加工企业	粮食经营企业
储存主体	承储企业	粮食加工企业	粮食经营企业
粮食所有权	国家、地方政府	粮食加工企业	粮食经营企业
粮食使用权	国家、地方政府	平时：粮食加工企业 特定：地方政府	粮食经营企业
责任性质	国家责任	社会责任	经济责任
费用分担	国家	谁使用谁承担	粮食经营企业
激励约束	强制	部分鼓励措施， 合同约束	自愿
储备规模	省市政府核定	合同约定或法律规定	自愿

（三）特征属性

1. 公共利益性

如前所述，企业社会责任储备具有维护公共利益的目标，这是其区别于商业库存的根本特质。这可从相关规定中得到佐证，如将社会责任储备纳入规范对象的《四川办法》明确指出，地方储备"提升地方粮食储备市场调控和应对突发事件能力"，并规定县级以上地方人民政府应当将地方政府粮食储备和社会责任储备分级动用措施纳入本级粮食应急预案。在粮食明显供不应求或者市场价格异常波动，发生重大自然灾害、突发公共卫生事件或者其他突发事件等情况下，县级以上地方人民政府可以动用地方政府粮食储备和社会责任储备。《河南办法》也有类似规定。《上海办法》则规定，社会储备"在应对自然灾害、事故灾难、公共卫生事件和社会安全事件等影响粮食供应的重大事件时"动用。天津市《关于建立粮食加工企业社会责任储备的指导意见（试行）》（以下简称《天津意见》）在目标任务中指出"结合本市政府储备规模和粮食市场宏观调控、应急保障需要"，逐步建立社会责任储备制度，"形成政府储备与企业储备功能互补、协同高效的新格局，进一步提升粮食安全保障能力"。河南省《关于建立粮食加工企业社会责任储备的指导意见（试行）》（以下简称《河南意见》）在功能定位中更是认为，企业社会责任储备是地方政府稳定粮食市场、防范市场风险和应对突发事件的重要物质基础。总

体上看，无论是基本精神中的规定，还是具体列举社会责任储备用途，这些规定都集中在公共事件上，主要目的还是确保市场稳定，供需平衡，与商业库存满足自身需要相比，其满足公共利益需要的特质非常突出。

另外，企业社会责任储备这一属性与商业银行的存款准备金的属性具有类似之处。中国人民银行通过调整商业银行的存款准备金率调控金融市场的货币数量进而实现对金融市场的宏观调控，确保金融市场稳定发展。企业社会责任储备的库存粮食同样也成为粮食主管部门调控粮食供需关系的工具。

2. 主体特定性

目前，各地对社会责任储备的主体范围规定不一，大体呈现三种状态：

（1）最狭义的责任主体。承担社会责任储备的主体不仅限于粮食加工企业，还限定为规模以上。如《四川条例》规定，规模以上粮食加工企业应当建立企业社会责任储备。《山东办法》规定由规模以上粮食加工企业建立社会责任储备。《天津意见》规定，本市辖区内规模以上粮油加工企业应当建立社会责任储备。浙江省《关于建立粮食加工企业社会责任储备的指导意见（试行）》（以下简称《浙江意见》）则明确规定社会责任储备的主体为全省规模以上大米、面粉和食用油加工企业。《九江办法》也规定，社会责任储备主体原则上是规模以上粮食加工企业。

（2）狭义责任主体：建立社会责任储备的主体限于粮食加工企业。这一限定与中办 48 号文件保持了高度一致。《河南办法》中社会责任储备的主体是粮食加工企业。《河南意见》则进一步将建立社会责任储备的粮食加工企业明确为：市县辖区内正常生产经营的日处理小麦、稻谷能力达到 500 吨以上的面粉、大米加工企业，如无 500 吨以上能力的，则降为 200 吨以上加工能力的企业，偏远山区县等销区为 100 吨以上加工能力的企业。

（3）广义责任主体：承担社会责任储备的主体不仅包括粮食加工企业，还包括流通环节的企业。最为典型的是上海的做法。《上海办法》明确规定，由规模以上粮食加工企业、大型超市、粮食批发市场、餐饮企业等主体建立社会责任储备。由于上海将社会责任储备细化成日常最低库存和特殊情况的最低最高库存，沿袭了《粮食流通管理条例》第十九条的基本精神，在主体的界定上也基本和此条保持一致，《粮食流通管理条例》第十九条的最低最高库存义务的责任主体规定为从事粮食收购、加工、销售的规模以上经营者，考虑到收购环节很少有长期储备的条件，故上海将社会责任储备主体限缩为加工、销售环节的主体上。《四川办法》虽然没有对社会责任储备的边界进行细化，但在责任主体的设定上沿用了这一做法，明确规定规模以上粮食加工企业应当建立社会责任储备，鼓励粮食消费和耗用量较大的其他企业及组织建立社会责任储备。其责任主体同样拓展到了规模以上粮食加工企业之外，这一做法也拓展了《四川条例》的社会责任储备主体。

然而，无论哪一类主体界定，其主体都是限定在粮食加工和销售领域且较为深入地参与了粮食市场交易活动的主体，其行为与粮食市场、粮食安全密不可分，故从这一角度看，建立社会责任储备的责任主体具有特定性。

3. 动用程序法定性

正由于企业社会责任储备具有与政府储备同样的功能，为确保这一功能实现，故需要设置较为严格的管控程序。不少地方将社会责任储备的动用纳入政府储备的动用程序，如《四川办法》规定，县级以上地方人民政府按照有利于稳定粮食市场、提高应急效率的原则，依法动用本级或者下级政府粮食储备和社会责任储备。《上海办法》规定，市、区人民政府及其粮食物资储备部门依照法定程序，可以对企业储备进行调用。

4. 运行机制的市场性

不过，与政府储备具有极强的计划性相比，社会责任储备的储备规模等虽然也具有一定的计划性，但企业本身承担的社会责任储备的市场属性明显强于政府储备。一个典型的例子就是，社会责任储备的所有权归属于企业，使用权在平时也归属于企业，仅仅在特定情况下国家才拥有使用权。其费用分摊机制也按照"谁使用谁负责"原则进行分摊，因此日常情况下，其储备费用主要由企业自身承担。如《河南意见》明确规定，粮权属于粮食加工企业，平时用作企业日常经营周转库存，由企业自负盈亏，遇特殊情况服从政府统一调度。社会责任储备与企业日常加工、经营相结合，由企业按照"等量替换"原则实行自主动态轮换。《四川意见》也作了类似的规定，即社会责任储备粮权属企业，平时作为企业经营周转库存，自主经营、自负盈亏；应急时应当服从政府有关部门的统一安排和调度。应该说，这一属性既符合世界绝大多数国家高度重视市场竞争机制在粮食供给与需求平衡中的基础性作用的规律，也为推进我国粮食储备市场化进程提供了助力。

5. 责任承担的诱导性

考虑到粮食加工企业属于微利行业，企业承担社会责任储备一定程度上限缩了企业经营自主权，额外增加的原粮成本、加工成本、人员成本、仓储成本加大了企业的成本负担，从经济利益角度考量，企业承担社会责任储备的内在激励不足，本身意愿并不强烈，故而需要依赖外在条件刺激，即政府采取激励措施降低企业成本负担，"外在驱动个体增强对社会利益的偏好选择"[1]，诱导企业主动承担储备责任。这一思路在各地的激励措施中也可见一斑。如《四川办法》第九条规定，鼓励粮食消费和耗用量较大的其他企业及组织建立社会责任储备。县级以上地方人民政府可以通过给予一定的政策扶持等措施，支持承担社会责任储备的企业及组织。《四川意见》提出，各地对建立社会责任储备的粮食加工企业，可综合采取费用补贴、项目扶持、安排储备任务、政策性粮食购销等措施，鼓励推动企业建立社会责任储备。《山东办法》专门用五个条文规定扶持政策，各地结合实际可按责任企业承储规模和责任完成等情况给予一定激励性支持；根据市场调控需要，责任企业优先参与政策性粮食定向拍卖；各地结合粮食产业发展及有关工程项目建设要求，对符合条件的责任企业予以支持；责任企业可优先纳入粮油保供稳价（信贷、财税）重点企业名单；对由于限价出售产生的价差损失，相应补偿标准应纳入动用方案。《浙江意见》也同样采取了多种措施鼓励支持企业承担社会责任储备，如各地应将建立社会责任储备的企业，优先纳入粮食流通企业"主力军"范围，在粮食仓储等流通设施建设、企业融资和担保等方面给予相应支持；对经过核定的社会责任储备粮（含原粮和成品粮），可采用保管费用定额补贴、利息补贴、一次性奖励等方式给予必要的财政补贴，纳入补贴的企业社会责任储备规模应扣除必要库存量（上年度 10 日平均经营量）和承担的其他政策性粮食代储量。省财政将按照各市（县、区）社会责任储备完成情况给予适当补助。可以说，各地出台的林林总总举措，其核心都是基于利益补偿，用经济利益手段激励相关主体，具有极强的政策诱导性。

二、社会责任储备的法律反思

（一）法律属性尚不清晰

社会责任储备使用了"社会责任"一词，相关规范性文件的概念界定也突出基于社会责任承担的储备。因此，对于社会责任储备的性质理解必须基于社会责任的性质理解。学界基于企业社会责任产生的历史演变，认为企业社会责任是建立在以企业自愿履行社会责任以获得良好声誉的基础之上，使得这种以道德责任为核心的企业社会责任最终沦为企业标榜自身的工具[2]。学者卢代富则认为，企业社会责任可以区分为法律责任和道德责任，是二者的统一体。更有学者进一步指出，社会责任可以区分为三类，即直接源自法律强制性规定的具有法律约束力的社会责任、以软法形式出现的社会责任和企业自发承担的社会责任，第一类、第三类分属于法律责任和道德责任范畴[3]，而以软法形式出现的社会责任还有广义狭义之分。狭义软法责任是正式立法所规定的但缺乏法律强制力的规则，广义软法责任则是指广泛存在于各类政治组织和社会共同体形成的规则中[4]。也有学者认为，企业社会责任是法律责任、道德责任及"软法"责任的统一。社会责任本质上是一种伦理道德责任，法律只能有限度地强制推进其中最基础的部分内容，其他内容更适合软法机制推进[5]，通常由法律以鼓励或一般性义务的形式，或由正式立法主体以外的社会共同体、组织等以制定规范的方式对企业提出要求，但不具有国家强制力[6]。

不过，现实中正在进行的社会企业储备主要通过立法规定或者政策文件推进。从立法规定来看，《四川条例》《上海办法》《河南办法》等地方立法明确规定相关主体应当建立社会责任储备，应该说这一规定具有正当性。从《中华人民共和国公司法》引入社会责任以来，《中华人民共和国民法典》等相关法律不断深化社会责任的法律化进程，目前正在征求意见的《公司法征求意见稿》试图进一步明确更多社会责任的内容。从这个角度讲，粮食加工企业社会责任储备的立法规定是粮食领域市场主体社会责任法律化的具体体现。不过，查询这些立法的法律责任，无法找到企业不承担社会责任储备所需要承担的责任措施，上海也仅仅在监管措施中规定了约谈、取消资格等措施，并未直接针对义务违反设置归责责任，自然不属于具有法律约束力的范畴，立法中规定的企业社会责任明显不属于第一类具有法律约束力的社会责任。但这些立法规范属于地方法规、规章范畴，是我国的正式立法范畴，因而应当归入以软法形式出现的社会责任范畴，且属于狭义软法责任。故而，此情形下的社会责任储备既非法律责任，也非道德责任，而是处于法律责任和道德责任之间的"超越法律"[7]的社会责任，也就是软法责任。

另外，不少地方尚未在地方立法中进行规范，仅仅依据国家的政策文件出台相应的指导意见推进建立社会责任储备，从这个意义上讲，这些地方的社会责任储备属于企业自发承担的社会责任。考虑到这些政策性文件中采用了诸多诱导性的制度安排，有着明显的政府介入成分，其又与企业完全自愿有一定的差异性，故仍可适当考虑纳入软法形式的社会责任，但其采用政策性文件方式规定社会责任与立法规定相比，法律规范的程度相当羸弱，因此即便纳入软法形式的社会责任也至多纳入广义软法责任范畴。若前述分析成立的话，就会产生一个怪异现象：同为粮食加工企业承担的社会责任储备，因各地立法程度不同，导致其法律属性呈现出一定的差异性，或为道德责任，或为超越法律的社会责任。这一怪异现象只会进一步增大人们的疑惑：社会责任储备的法律属性到底是什么？

再者，姑且不论社会责任储备的法律性质，如前文所述，当前纳入了立法规范的社会责任储备也不可能是具有法律强制力的社会责任，即便《四川条例》《上海办法》在规定相关主体这一责任时使用的是"应当"这一术语，虽然"应当"是在法律法规表述义务性规范时使用，但因为社会责任储备的软法性质，相关条文也仅能理解为倡导性规范、引导性规范。同时，责任在法律上区分为第一性义务和第二性义务。第一性义务是指法律上的义务以及分内应当做的事情，第二性义务则指违反法律义务而产生的归责责任。通常学界理解的法律责任是指违反第一性义务而引起的第二性义务[8]。据此，立法规定的社会责任储备并非强加给企业的"外在义务，而是一种内在责任"[9]，仅仅是第一性义务，属于倡导性义务而非强制性义务。因此，纳入软法或企业自愿范畴的社会责任无法依赖法律的强制力实施，只能依托道德力量使企业自愿承担社会责任，或者利用激励手段鼓励市场主体将社会责任的外部性内部化从而承担社会责任。因此，是否承担社会责任储备以及承担多少社会责任储备，乃是粮食加工企业基于自身意愿做出判断的事项。前文所述的采用经济激励手段鼓励粮食加工企业主动承担社会责任的做法亦合乎逻辑。部分地方采用粮食主管部门与粮食加工企业签订合同的方式约定储备规模和权益义务的做法也值得肯定。如《浙江意见》规定，制定相关激励和约束措施，引导规模以上粮食加工企业申报承担企业社会责任储备数量，双方签订协议，明确权利义务；《天津意见》规定，指导企业申报承担社会责任储备任务，粮食行政管理部门与辖区内承担社会责任储备的企业签订协议，明确双方权利和义务。然而，考察现有的社会责任储备推进举措时发现，部分地方采用行政手段要求粮食加工企业承担社会责任储备。如根据《河南意见》的规定，承担社会责任储备的企业名单由各级粮食主管部门根据考察情况分批确定，而非企业主动申请主管部门核定；虽然在企业申报社会责任储备数量时使用了"积极引导"的字样，但随后又规定了社会责任储备规模不低于该企业上一年度日均实际成品粮加工量的20%；社会责任储备的建立、管理和动用情况纳入粮食安全责任制考核，整个过程体现了较强的行政主导性而忽视了社会责任承担的自愿性。郑州更是直接规定，各区县（市）正常生产经营的日处理小麦、稻谷能力达到200吨以上的面粉、大米加工企业均应建立社会责任储备。用行政手段推行社会责任储备，这对国有粮食企业来讲似乎问题不大，毕竟国有粮食企业承担着调剂余缺、储粮备荒等保障国家粮食安全的社会责任[10]①，然而对民营粮食加工企业

---

① 张运国. 对新形势下国有粮食企业肩负几种主要社会责任的分析 [J]. 中国粮食经济，1997（9）：32-33. 但即便如此，考虑到国有企业竞争性和公益性的区分，概括性使国有企业承担社会责任储备的正当性依然有讨论的空间。

来讲，用较强的行政手段推进社会责任储备违背了社会责任储备本身的法律属性，其正当性需要进一步商榷。

（二）责任主体尚不明确

另一个值得讨论的问题是，既然社会责任储备是超越法律的责任或道德责任，是否可以根据不同主体区分对待？提出这一问题的关键点在于，如前所述，不同地方规定的社会责任储备主体不同，但多数限定在规模以上企业。这是否可以说，中小粮食加工企业就不用承担社会责任储备？一则，中小企业承担社会责任的问题学界早已有争论，并未否定中小企业的责任主体资格，反而建议应在法律上明确中小企业的社会责任[11]，"任何性质的粮油企业都不能逃避以保障粮食安全为目标的社会责任"[12]，因此，排除中小粮食加工企业社会责任储备资格的做法并不周延。二则，即便如学者所言那样，考虑到企业盈利能力和社会属性不同，也需要根据不同类型特点对企业社会责任进行分类讨论[2]。对大型公司采取强制性立法模式，对中小型企业通过授权性条款引入社会责任[13]。言外之意，并非否定中小型企业承担社会责任，而是在责任的设定方式上区别对待。亦如《四川办法》第九条明确规定规模以上粮食加工企业应当承担社会责任储备的基础上，明确鼓励粮食消费和耗用量较大的其他企业及组织建立社会责任储备。应该说这一条的规定克服了多数规范性文件排除中小型企业的主体资格的不足，具有相当的先进性。不过对应出台的《四川意见》却又将主体资格限定在规模以上企业，并未针对中小型企业出台有针对性的鼓励扶持措施，这不能不说是一大遗憾。

（三）与地方政府粮食储备之间的关系（定位）不明确

1. 替代还是补充的理论证实

从前文分析可知，社会责任储备和政府储备在市场调控、应对突发事件中加以使用，都具有宏观调控工具的作用。二者都用于特殊情况，但在使用的顺序上有无差别、有无先后顺序，是先动用社会责任储备再动用地方政府粮食储备，还是先动用政府储备再动用社会责任储备，还是同时均可动用而不分先后，这些问题的回答事实上涉及二者的定位问题。

考虑到二者具有宏观调控工作的性质，若立足于增强粮食行政部门宏观调控的能力来看，有两个层面的问题需要思考：

第一层面：有粮可用。在粮食加工企业存有粮食的情况下，粮食行政主管部门履行行政职能，运用行政优益权可以采用征收、征用手段，确保宏观调控有粮可用，从这个角度讲，社会责任储备没有空间。这一情形下，从现有的粮食储备规模来看，粮食储备总量没有发生变化，且政府采用征收征用手段还有一个前提是，相关主体拥有粮食以及政府知晓哪些主体拥有粮食。

第二层面：有更多粮食可用。若着眼于储备粮食总量增加的角度，则社会责任储备有存在的空间，不过带来了与政府储备的协调问题。

二者之间的关系从理论上讲，可以区分为两种关系：

（1）补充关系。社会责任储备作为政府储备的补充，从增强政府宏观调控能力的角度来看，在动用顺序上，应当先用社会责任储备，再用政府储备。

（2）替代关系。这一定位下，发生的仅仅是储备责任主体的变化，地方政府原本就有储备粮食的职责，社会责任储备定位于替代地位的话，则是替代政府的储备职责，储备职责从地方政府转移到了企业身上，也就是企业承担的社会责任储备部分替代了政府储备。当然，这种情况下，政府储备规模是否减少取决于地方政府自身的决定，由此带来两种储备规模：一种是地方政府等量减少政府储备数量，但保持了储备的整体规模未变；另一种是地方政府并未减少政府储备数量或者稍微减少储备数量，其结果是储备的整体规模增大，增强了宏观调控的能力。然而，后一种情形下似乎并非储备市场化改革的初衷，也许未来时机成熟后，企业社会责任储备可以等量替换政府储备。在替换关系下会引发两个值得关注的问题：一是责任主体转移是否具有正当性？若粮食加工企业为地方国有企业，责任主体的调整没有发生根本性变化，仅仅是管理体制的变化，正当性毋庸置疑。但如果是非国有企业，则粮食加工企业承担这一应当由政府兜底的责任是否合适、是否具有正当性还需要进一步思考。二是由此责任主体增多，监管链条增长，带来的监管风险是否能够有效控制。

2. 替代还是补充的实践分歧

总体来看，目前各地对社会责任储备的定位并不明确。归纳起来，目前，对于社会责任储备的定位在实践中可以从两个层面进行观察：一个层面是关于社会责任储备与政府储备关系的规定，另一个层面是关于二者动用顺序的规定。

（1）社会责任储备与政府储备关系的规定

整体上，多数规范性并未直接规定二者的关系，只是使用企业、政府两个不同术语以示区别，但并未说明二者之间的替代、补充关系。不过，也有部分规范性文件试图厘清二者之间的关系，如《浙江意见》明确规定，社会责任储备数量不包括企业必要库存量（上年度 10 日平均经营量）和其承担的其他政策性粮食代储量。此时的社会责任储备是政府储备基础上新设置的一种储备，与政府储备共同构成粮食储备，是对政府储备数量的强化，二者之间并非替代关系，而是补充关系。

然而，《河南意见》规定，已经承担政府成品粮储备的粮食加工企业，如数量未达到社会责任储备规定的标准，仍需要建立社会责任储备。可以这样解读这句话的意思：若粮食加工企业未承担政府成品粮储备或者储备的数量尚未达到社会责任储备的规模时，需要建立社会责任储备，但如果承担的政府成品粮储备达到了社会责任储备的规模时，则无须承担社会责任储备。此时的社会责任储备事实上为政府储备所吸收，二者具有等换关系，即具有替代关系。延伸出去的话，这一规定会刺激粮食加工企业主动承接政府储备而不愿承担社会责任储备，毕竟政府储备能够获得财政补贴，社会责任储备仅在政府动用时方可能获得补偿，其余时候很难获得直接补贴。这可能与国家层面建立社会责任储备的初衷相背离，故而这一文件征求意见稿在征求意见时有部门建议修改这一规定①。

（2）社会责任储备与政府储备动用顺序规定

二者的动用顺序可以较好体现社会责任储备的定位。若是补充关系，则应先用社会责任储备，这样更有利于地方政府粮食储备的保障功能。若是替代关系，则先后顺序不那么重要，先后使用以及同时使用均可，毕竟其本源都是政府储备，只不过是责任主体有所变化而已，但从有利于政府调控的角度来看，则可优先使用社会责任储备。

考察各地规范性文件的规定，部分地方仅规定了社会责任储备的动用情形，但未明了二者的动用顺序。部分地方的规定明确了二者动用的先后顺序，如《山东办法》第二十六条明确规定，根据粮食市场供求变化、宏观调控需要和突发事件应急响应等情况，在动用政府地方储备粮之前，县级以上人民政府可优先动用粮食社会责任储备。山东省粮食和物资储备局在《山东办法》解读中明确指出，企业社会责任储备"在粮食市场异常波动时、在政府储备粮动用前、在应急保供和防范风险中能够发挥积极的缓冲作用，有助于实现藏粮于民"②。其特别突出强调社会责任储备的动用"在政府储备粮动用前"。部分地方的规定将地方政府粮食储备和社会责任储备并列，并未明了各自的先后关系，如《四川办法》《河南办法》明确规定，出现法定情形时可以动用地方政府粮食储备和社会责任储备。从山东省规定二者使用先后的逻辑思路来看，政府储备是兜底保障，在市场中尚有其他储备可动用的情况下，就先动用其他

① 《关于建立粮食加工企业社会责任储备的指导意见（试行）》征求意见汇总表［EB/OL］.［2021-09-22］. https：//lswz. henan. gov. cn/2021/12-06/2359984. html.

② 解读《山东省粮食社会责任储备管理暂行办法》［EB/OL］.［2021-08-27］. http：//lscb. shandong. gov. cn/art/2021/8/27/art_ 66780_ 10291295. html.

储备，这样可以有效增强政府的宏观调控能力。这一逻辑也表明，社会责任储备是对政府储备的有效补充，与政府储备形成补充关系。而将二者并列处理的规定的言外之意是，谁先动用谁后动用并不重要，二者之间都具有兜底功能，故而不具有山东省那样的补充关系，似乎可以理解为一种替代关系。

然而，不同关系的定位导致其实践中的处置规则不同，这也会在理论认识上带来一定程度的困扰：社会责任储备与政府储备到底应当如何定位，才能更好地发挥企业社会责任储备的功能，有效提升粮食市场宏观调控能力，确保我国的粮食安全。

（四）激励机制、约束机制有待完善

1. 激励机制有待改进

激励主体配置可能给基层政府带来制度异化。社会责任储备改革无论是补充还是替代政府储备，通常因其公共利益性而由公共财政负责其成本支出。然而在中央和地方的事权、财权配置中，中央大力推进社会责任储备但却将社会责任储备诱导需要的支持政策交由市县两级政府制定，如河南省明确规定分级建立机制，由市、县（市、区）级人民政府制定激励和约束措施，郑州市则规定，各县（市、区）对承担社会责任储备的企业在粮食仓储设施建设、税收减免、搭建产销平台、信贷支持等方面给予政策支持，将河南省文件中市级政府制定激励和约束措施的责任主要推给了县级政府；浙江规定，原则上以设区市为单位统筹建立企业社会责任储备机制，具体可由设区市为单位统筹或由县（市、区）为单位出台具体实施办法和操作细则，调动企业积极性。浙江虽然提到了以设区市为单位，但因为有"或者县（市、区）"这一可选项，可以想见的是，最终各设区市制定文件时都会将这一激励责任交给县（市、区）。在基层财政本就紧张的现实约束下，基层特别是县级政府很难有动力去提供强有力的鼓励支持政策，这无疑弱化或消解了粮食储备市场化改革力度，不利于改革的推进。

激励工具各地差异明显。由于当前社会责任储备基本定位于软法形式或企业自愿的社会责任，需要为企业提供激励机制提高履行社会责任的预期收益，进而实现诱致性制度变迁，因此丰富的激励工具成为重点。总体上，各地采取的激励工具多样，并在现有粮食扶持政策范围内进行制度适用拓展，但激励工具不一，缺乏明确的激励内容。如《天津意见》规定，市有关部门可通过支持粮食仓储设施建设、给予贴息贷款、优先委托承担政策性粮食购销、适当给予企业储存轮换费用补贴等措施，对承担社会责任储备的主体予以支持。河南省则规定，各级各有关部门结合当地实际，在粮食仓储设施建设、税收减免、搭建产销平台、信贷支持等各方面予以政策支持。山东省规定，各地结合实际，可按责任企业承储规模和责任完成等情况给予一定激励性支持；根据市场调控需要，责任企业优先参与政策性粮食定向拍卖；各地结合粮食产业发展及有关工程项目建设要求，对符合条件的责任企业予以支持；可优先纳入粮油保供稳价（信贷、财税）重点企业名单。九江市规定，企业社会责任储备主体在同等条件下，可优先享受粮食产业化政策、收购贷款政策、委托承担政策性粮食购销等政策性支持。四川省则规定，各地对建立社会责任储备的粮食加工企业，可综合采取费用补贴、项目扶持、安排储备任务、政策性粮食购销等措施，鼓励推动企业建立社会责任储备。

2. 约束机制不明

由于社会责任储备的软法性质，故即便有立法，也无法设置法律责任。因此，为确保宏观调控功能的真正实现，需要一套约束机制规范企业的社会责任储备行为，以明确各方权利义务责任。目前各地在落实企业社会责任储备的过程中，形成了以下几种约束机制：

合同约束。天津、山东、浙江、九江等地均规定，各区粮食行政管理部门要与辖区内承担社会责任储备的企业签订协议，明确双方权利、义务和违约责任等事项。浙江还特别强调要在合同中约定，如遇特殊情况，当地政府需紧急调用该批粮食时，各单位应无条件执行，确保在粮源紧张的时候能供得上、调得动。河南省则采用了签订承诺书的方式。不过，根据承诺书的通常理解，其也是书面合同方式。从合同双方主体来看，粮食行政管理部门作为行政机关，与储备主体签订的社会责任储备合同，不属于平等主体之间签订的民事合同，而是行政机关为达到维护和增进公共利益的目的而签订的行政合同。

信用约束。河南省规定，市、县（市、区）级粮食和储备行政管理部门指导企业对所承担的社会责任储备签订承诺书，明确承担数量和义务。如检查中发现未能履行义务和落实责任，应督促整改，情节严重的，报告本级政府和上级主管部门，并按有关规定取消相关扶持政策，将企业列入失信名单。天津、山东、浙江在合同约束的基础上，同时规定将企业不履行社会责任储备情况纳入企业信用记录。

行政约束。这主要是各地采用监管措施督促企业社会责任落地，属于采用行政手段实现强制性制度变迁。这体现在各地普遍设置的监管措施上，如《四川意见》规定，县级以上地方粮食和储备行政管理部门应加强对社会责任储备监管，采取"双随机一公开"等方式，重点检查储备数量、质量等情况，落实信用评价制度，督促企业落实相应的社会责任。《河南办法》将社会责任储备企业纳入承储企业范畴,与政府储备整体并入粮食行政主管部门等相关主体的监督管理。《浙江意见》规定,各级粮食物资局要对社会责任储备实行动态监管,督促企业严格落实库存数量,每月报送粮食实际库存数及变化情况,并做好实物台账以备查。同时,组织人员定期或不定期开展抽检,清点实际库存数量,核定企业当月库存实际数量。

总体上看,各地都设置了监管措施,区别在于详略不同,甚至部分地区明确将其与政府储备同等监督。应该说,这些行政监管措施契合了软法规范同样"需要通过行政指导、行政合同等行政执法方式实现"[14]的内在规律,也如学者所言,社会责任道德规范同样需要通过配套的软法规范的行政执法将其转化为现实的企业社会责任承担行为[15]。然而,多数地方的监管规则并未明确将其纳入政府储备监管,这在社会责任储备定位于替代关系时将会产生严重的监管真空。在监管措施基础上同时还采用合同约束、信用约束来强化约束机制的做法目前还不多见,仅有少数地方明确了这一做法。在目前社会责任储备法律制度供给不足、社会责任储备若定位在补充关系的情况下,合同约束机制将双方纳入行政合同的法律框架内,成了行政法规范的对象,行政合同明确了各方权利、义务、责任,有效解决了社会责任储备法律制度供给不足的弊端,使社会责任储备纳入法治化轨道,也充分尊重了储备企业的意愿,契合了软法责任的特质,非常值得肯定。但多数的指导意见或实施意见并未明确以何种方式具体落实企业的社会责任储备,承储企业具体享有哪些权利、需要承担哪些义务依然留给规范性文件予以解决,这极容易在粮食主管部门和承储企业之间产生争议而无法获得明确的争议解决渠道,极不利于约束各方的行为,也不利于依法治粮的落实。

三、社会责任储备的未来径路

(一)加大立法力度明确社会责任储备的法律地位

分阶段明确社会责任储备的法律属性。企业是社会和市场的重要主体,其实质是一种资源配置的机制,因此可以将企业践行社会责任视为一种社会价值导向的资源再配置。企业社会责任对公共利益的促进主要通过企业内部化其经营行为的负外部性实现。根据当前理论界对社会责任的认识,社会责任储备应当明确界定为狭义的软法责任,定位于提供更多的宏观调控工具,对地方政府储备的一种有益补充,并明确规定二者的动用顺序:先动用企业社会责任储备,后动用政府储备。但是,正如学者所言那样,软法责任主要依赖道德义务的力量,通过义务人的道德良知以及社会群体的道德压力对义务人施加约束,从而促使他履行相应义务。道德义务相较于法律责任而言，其约束效果偏向软性，依赖个体的自由选择。法律责任能够通过国家权力的行使对义务人实施一种规范化的强制力，实际上能起到硬性约束作用，因此，应当尝试在道德义务的基础上向法律义务方面拓展[1]。故未来随着对社会责任认识的进一步加深，社会责任法律化进程的推进，在适当时机可以考虑将最为基础部分的道德责任转化为法律责任，部分软法责任取得国家强制力的约束，这样一来，社会责任储备部分具备法律责任属性，部分具有软法责任属性，与政府储备形成替代、补充并存的关系。此时的动用顺序设计为：优先动用企业社会责任储备。

有步骤推进立法进程。企业社会责任不纳入法治化轨道，企业对社会经济发展和人类福祉的推动预期可能走向反面[16]。无论是软法责任还是法律责任，都需要立法明确规定。当前的软法责任需要社会责任储备作为法律义务也就是第一性义务加以规定，否则会出现前文所述的属性混乱。在社会责任储备的理论储备和实践经验尚未完备的情况下，一个可行的办法是，先由各地地方立法予以规范，各地加快修改地方法规或政府规章，将社会责任储备纳入地方粮食储备管理体系并配套出台相应的实施细则，在条件成熟的时候再统一修改《粮食流通管理条例》，将社会责任储备纳入粮食储备专章，或者在未来制定《粮食安全保障法》将其纳入予以规范。

恰当选择法律规范的定位。在法律规范的选择上，软法责任阶段应侧重选择倡导性法律规范进行鼓励和引导，即便条文使用"应当"等字样，也应当理解为鼓励性规范而非强制性规范。当条件成熟时可将社会责任储备定性为法律责任与软法责任，在区分不同责任后采用强制性规范、倡导性规范，分别设计归责责任、鼓励举措，实现差异化的制度规范。当然也有学者认为，当前将社会责任的法律规范理解为强制性规则、任意性规则都不合适，未来应当将其改造成为解释型弱约束力规则，即"遵守或解释"，以此适度增强社会责任法规的约束力，为不同公司依据自身实际情况履行社会责任提供自由空间，充分彰显规则与主体之间的良性互动[17]。

（二）调整约束机制

第一，合理选择约束机制。正如前文分析的那样，合同约束机制在当前具有不容忽视的优势。因此，各地在制度设计时可以充分运用行政合同手段，对双方的法律关系、权利义务以及责任进行明确，同时辅之以粮食行政部门的监管措施，督促企业社会责任落实。未来，在法律引入法律责任之后，或者将企业社会责任储备定位从补充关系调整为补充替代关系后，再增加法律的强制约束，将社会责任储备与政府储备同等监管约束。另外，也有学者认为应当激发企业自身内在产业发展的动力推进社会责任，提出"产业社会责任"的约束机制，即将社会责任储备作为实现利润最大化、做大做强企业的经营策略和手段，在粮食加工企业的产业发展体系中容纳所要承担的社会责任储备，按照成本收益原则发展产业体系，在追求利润最大化目标的同时承担社会责任[18]。这与管理学提出的社会责任发展战略有相似之处，也值得粮食加工企业和立法者关注。

第二，增强自律性规制的约束力。社会责任储备作为软法责任，除了需要政府的引导之外，还需要社会组织的自律约束。行业协会、社会组织发布的倡导性规范、指导性规范、自愿性标准、信用评级规范等为代表的"部门软法"[19]，都对企业社会责任的履行发挥了巨大的推动作用。因此，可以考虑由粮食主管部门制定出台全国统一的《粮食企业履行社会责任储备指导性意见》，或者发挥粮食系统行业组织的作用，制定出台《粮食企业社会责任储备指引》等自律性文件，为粮食企业承担社会责任储备提供指导性、方向性和原则性规则。

（三）优化实现机制

1. 激励路径选择

由于软法形式的社会主要依赖道德力量的作用，有观点认为，相应的激励措施的设计方面的重点集中体现在经济利益奖励和社会名誉奖励促进个体对道德的追求，需要通过社会主体对公共利益偏好程度的强化[1]来实现企业社会责任储备。故当前激励企业承担社会责任储备，需要采用诱致性制度安排，通过购买服务、财政扶持、财政激励、资格支持等手段进行诱导而非采用强制性的行政手段来推进。因此工作的重点是审视现有的激励措施是否合适、结构是否优化、激励是否有效，能否有效调动企业的自主性主动承担社会责任储备，能否有效补充政府储备。未来引入法律责任后，一方面可考虑在规模以上粮食加工企业、粮食加工企业等主体基础上，借鉴四川、上海的做法，拓展到其他主体上，增大社会责任市场化主体范围；另一方面，可考虑借鉴四川省分类设计的做法，"秉承经济力量与社会责任成正比、权利与义务相匹配的公平理念"[20]，采用强制性制度安排方式推进，强制性赋予国有粮食加工企业、规模以上粮食加工企业社会责任储备，实现政府储备责任向企业储备责任转移，进而减轻政府储备负担；继续采用诱致性制度安排，鼓励其他企业承担社会责任储备，扩大储备规模。

2. 激励主体层级提升

为解决基层政府激励制度的异化，同时考虑到宏观调控职能在各级政府中的强弱差异，在激励主体上需要分类处理。基层政府的激励手段主要放在充分提供政策服务上，充分运用现有各类粮食扶持政策、赋予相关企业资格等手段予以激励。而对于经济激励手段，特别是财政补贴、税收优惠等措施，则需要提升激励主体的层级，可借鉴浙江省的做法，由省级财政提供一定比例的支持，对应的市级财政也应当有一定支持，这样可以极大地减轻县级财政的压力。抑或利用政府一般公共预算支出设立社会责任资金池，专项用于可以由企业市场化运作实现的社会公共利益诉求所需的资金支出和项目[21]。

主要参考文献

[1] 邱子键. 第三次分配：困境、完善与实现：基于企业社会责任的重构 [J/OL]. 当代经济管理，2022（9）：23-29.

[2] 彭钰栋. 法学视野下我国企业社会责任评述 [J]. 法大研究生，2019（2）：354-375.

[3] 吴越. 公司人格本质与社会责任的三种维度 [J]. 政法论坛，2007（6）：58-69.

[4] 蒋建湘. 企业社会责任的法律化 [J]. 中国法学，2010（5）：123-132.

[5] 汤道路. 企业社会责任软法推进机制探析 [J]. 学海，2007（5）：137-140.

[6] 侯怀霞，殷慧芬. 企业社会责任法律问题的新发展 [M]. 北京：法律出版社，2021：15,9.

[7] 周林彬，何朝丹. 试论"超越法律"的企业社会责任 [J]. 现代法学，2008（2）：37-45.

[8] 张文显. 法理学 [M]. 北京：高等教育出版社，北京大学出版社，1999：122.

[9] 朱慈蕴. 论中国公司法本土化与国际化的融合：改革开放以来的历史沿革、最新发展与未来走向 [J]. 东方法学，2020（2）：91-102.

[10] 张运国. 对新形势下国有粮食企业肩负几种主要社会责任的分析 [J]. 中国粮食经济，1997（9）：32-33.

[11] 林艳琴，王晓东. 我国中小企业社会责任法律规制的路径选择刍议 [J]. 湖南大学学报（社会科学版），2015（3）：149-155.

[12] 赵霞，李阳，李娟. 粮油企业社会责任与经营绩效相关性分析——基于粮食安全视角 [J]. 粮食科技与经济，2017（1）：20-24.

[13] 官欣荣. 我国《公司法》引入利益相关者条款的思考："强制+授

权”的分类规范治理模式 [J]. 政治与法律, 2010 (7)：71-80.

[14] 姜明安. 完善软法机制, 推进社会公共治理创新 [J]. 中国法学, 2010 (5)：16-24.

[15] 赵旭东, 裴任. 企业社会责任行政执法研究 [J]. 社会科学研究, 2020 (1)：1-10.

[16] 王晓锦, 刘道远, 胡明玉. 我国公司社会责任立法完善新探 [J/OL]. 海南大学学报 (人文社会科学版)：1-12 [2022-06-02]. DOI：10. 15886/j. cnki. hnus. 202203. 0575.

[17] 周雪梅, 朱庆. 破解强制-任意二分困局：公司法规则约束力分层体系确立论：兼评《公司法 (修订草案)》[J]. 安徽大学学报 (哲学社会科学版), 2022 (1)：105-115.

[18] 刘明远. 论企业承担产业社会责任的实现模式与机制：以库布其模式为例 [J]. 中州学刊, 2022 (4)：22-28.

[19] 罗培新. 企业的食品安全社会责任及其法律化路径研究 [J]. 社会科学研究, 2020 (1)：21-27.

[20] 刘俊海. 论公司社会责任的制度创新 [J]. 比较法研究, 2021 (4)：17-37.

[21] 张玉双. 公司社会责任的规范冲突与公共实施路径 [J]. 成都理工大学学报 (社会科学版), 2021 (3)：102-111.

粮食生产外部性与经济发展

伍骏骞[①]　阎宇　黄蔼玲

西南财经大学 中国西部经济研究院　四川成都　611130

【摘要】粮食生产具有跨区域外部性，因此有必要从粮食生产空间外部性的角度分析地方政府种粮积极性，从而更好地实现"空间均衡"角度的粮食安全。本文以四川省为例，利用2007—2017年140个县级面板数据，识别了粮食生产的空间外部性，并通过空间Durbin模型测算了粮食生产对经济发展的直接影响和空间溢出效应。研究发现：第一，四川粮食生产集中在东部和南部，德阳、广安、巴中、达州、成都、南充逐渐成为粮食产量主要区域，并且呈现出一定的集聚现象。第二，粮食生产对当地经济发展直接影响不显著，但是有显著为正的空间溢出效应和总体效应。从全域角度来看，四川省粮食产量每增加1吨，财政收入将增加75万元。

【关键词】粮食生产；粮食安全；经济发展；空间溢出效应

一、引言

粮食安全是"国之大者"。在国际局势变化及新冠肺炎疫情背景下，粮食供给的进口端将面临以价格波动、贸易中断为代表的多重风险，中国利用外部市场来满足国内粮食安全的做法将承受巨大压力（程国强 等，2020；杜志雄 等，2020）。因此，保障国内粮食生产行稳致远，筑牢粮食稳产高产的能力基础，已成为压实国家粮食安全的迫切需要（朱晶 等，2021；高鸣 等，2021）。2022年中央一号文件要求牢牢守住国家粮食安全底线。在我国粮食供需中长期处于紧平衡的状态下，一方面需要实现国家层面的"谷物基本自给、口粮绝对安全"；另一方面，需要地区层面实现区域间粮食供需的匹配和均衡，对

[①] 本报告为教育部人文社会科学研究项目"空间计量经济学视角下农村劳动力流动对减贫的作用研究"（20YJA790069）和四川省社科规划基金基地重大项目"四川省粮食生产的空间分析"（SC19EZD026）的研究成果。

粮食生产和区域之间的交易做好统筹合作工作，保护和调动粮食种植积极性。粮食生产多功能性所体现出的跨区域外部性，造成了粮食生产和粮食消费的空间错位。从地方官员的晋升锦标赛来看，由于粮食生产的比较优势明显偏低，如果不能通过政策激励"有为政府"，出于最大化地方利益考虑的政府就缺少种粮的积极性，转而调整产业结构。出于政治经济考量，中央根据资源优势进行粮食产销分区，结果进一步强化了粮食生产与地方经济发展不协调的问题（齐蓟 等，2017），部分粮食主产区的经济发展水平在全国地位有所下降（潘桔，2020）。2020 年 13 个主产区中 11 个省份人均财政收入明显低于全国平均水平（7 605.77 元），人均财政支出排名后十位的省份有 7 个是粮食主产区①。因此，从地区层面来看，粮食生产既要基于各地区资源禀赋条件，解决"谁能种粮"的问题，又要充分考虑粮食生产的外部性特征，做好区域协调，制定合理的补偿机制、激励机制和考核机制，解决"谁愿种粮"的问题。

已有研究大多基于传统计量经济学模型样本之间相互独立的假设，实际上，按照"地理学第一定律"，大多数样本具有或强或弱的空间相关性，空间相关性具有随距离衰减的特征。这些空间因素必然给经济增长带来实质性影响（Brackman et al.，2004）。粮食的跨区域贸易（调配）使粮食生产的福利能够惠及当地和其他地区，突破了原有的理论假设。而这一突破契合了空间计量经济学的理论。空间计量经济学的假设是样本之间存在空间相关性，因此更好地契合了粮食生产的空间扩散性和随距离衰减的特征。粮食生产的空间扩散性特征与空间计量分析中的空间溢出效应一致（Corinne et al.，2011），将这种特征纳入空间计量模型进行识别和估计成为有效捕捉空间外部性的理想方法（田相辉 等，2013）。从计量经济模型估计结果来看，如果不考虑粮食生产的空间外部性，将低估粮食生产对经济发展的总体影响（包括直接影响和空间溢出效应）。因此，有必要从粮食生产空间外部性的角度分析粮食供需问题，而通过"有为政府"立足全局的制度安排能够解决粮食生产的空间外部性问题，保障粮食安全。

"在发展中营造平衡"恰恰需要"在集聚中走向平衡"（陆铭 等，2010），保障粮食安全也要实现粮食生产"在集聚中的平衡"。四川省作为全国 13 个粮食主产区之一，确保粮食自求平衡，既是中央对四川的基本要求，也是四川作为粮食主产省的重大责任。这一方面需要四川省从国家全局战略出发，明确

---

① 数据来源：《2021 年中国统计年鉴》，笔者通过计算整理得出。人均财政收入＝地方一般公共预算收入/年末人口数；人均财政支出＝地方一般公共预算支出/年末人口数。排名后十位的省份依次是：辽宁、广东、四川、湖南、福建、广西、安徽、河北、山东和河南。

自身粮食生产的目标和定位；另一方面，需要合理配置四川省内部的粮食生产资源，做好总体布局。本文以粮食主产区四川省为例，先运用空间统计分析方法分析了粮食生产的空间分布规律；之后，测算了四川省历年粮食生产的全域Moran's I 指数以判断粮食生产在空间上是否出现了集聚或异常值；最后，采用空间 Durbin 模型（Spatial Durbin Model）在时空尺度下识别并测算了粮食生产对地方经济增长的直接影响和空间溢出效应，为粮食安全实现"在集聚中的平衡"提供了空间分析视角。

本文有以下三点创新：一是在研究观点上，从"锦标赛"向"全域共赢"跨越，粮食安全需要构建全域的"有为政府"和"有效市场"的双重作用。二是在研究视角上，从产业外部性向空间外部性跨越，为兼顾产业反哺的区域平衡战略提供了重要的理论支撑。三是在研究方法上，从空间样本独立假设到空间相关性，从理论上有效识别测算了粮食生产的空间外部性。

二、文献综述与理论分析

（一）粮食生产与空间分析

以往研究往往仅将区域之间外部性局限于当地（Fujita et al.，2002），普通计量得出的弹性系数值仅是本地自变量对本地因变量的影响力，忽视了区域之间存在的相关性（潘文卿，2012）。已有关于粮食生产的空间分析主要包括：

第一，采用描述统计方法刻画粮食生产的空间分布特征。城市化进程的加快影响着粮食供需结构，对粮食安全造成了严重威胁。戈大专等（2018）从粮食生产系统概念界定出发，基于粮食生产供给功能、农户生计保障功能、城乡转型支撑功能和生态环境保育功能，构建了粮食生产系统多维功能评价指标体系。Cai et al.（2018）通过构建生态-生活-生产用地分类体系（ELCS），分析了湖北省土地的时空特征，发现人口增长和 GDP 增长带来的用地变化会对粮食安全产生不利影响。刘大千等（2019）以东北地区粮食生产结构为研究对象，运用数据统计对比、层次聚类分析等方法，结合 GIS 制图，分析了东北地区粮食生产的时空格局和演变特征。他们认为这种粮食生产结构的变化，主要是由粮食种植结构的调整引起的。第二，构建空间分析模型分析粮食安全和粮食供需问题。吴文斌等（2020）认为日益增长的粮食需求可以通过本区域的粮食生产自给予以满足，或通过外部购买或粮食进口得到满足，总体上不存在粮食安全问题。第三，采用空间统计分析刻画粮食生产的空间特征。夏四友等（2018）采用空间分析相关方法和地理加权回归分析等方法，探究了江苏省粮食生产的时空格局及驱动因素。其发现，粮食生产全局上存在显著的正相关关系，局部经历了由随机分布到集聚分布的过程，空间格局呈现出较为明显的层次结构特征。粮食生产重心总体上向西北方向移动，粮食生产大体呈"西北—东南"的空间分布格局。

已有关于粮食生产空间结构问题的研究方面，由于中国的地理条件复杂多样，粮食产量在不同省（区、市）增产、减产的并存现象已是常态，建立全国统一的粮食市场有利于形成地区间丰歉调节的流通格局，确保粮食供应能力的稳定性（李周，2021）。因此，考虑到粮食生产的空间特征，要防范和化解粮食安全风险，应持续深化流通体制改革，消除各种跨区粮食贸易壁垒，畅通国内大循环，充分发挥市场机制在配置粮食资源中的基础性作用（王钢 等，2019；陆文聪 等，2004）。同时，需要在地区层面上考虑粮食生产的分工和协调问题。在此基础上，刻画粮食生产的重要性，就需要识别其空间外部性。然而，已有研究大多仅强调了粮食生产重要性和在国际贸易中的重要性，缺少粮食生产空间外部性的研究。

（二）经济增长的空间溢出效应

Ying（2003）较早关注了中国经济的空间溢出效应，证实了中国经济中"核心"向"外围"方向的传播效应。潘文卿（2012）指出了中国经济增长不仅存在明显的区域空间集聚特征，也存在全域范围的空间溢出效应。程名望等（2018）从空间相关性视角研究了中国整体的经济增长，刻画了不同区域间的要素流动和优化配置，全面剖析了中国不同区域经济增长的特征和源泉差异，证实了空间关联效应所产生的外部性带来了经济协同增长。邓仲良和张可云（2021）也总结得到要素的空间错配是造成经济增长空间分异的主要原因，着重解决不同区域和不同发展阶段面临的资源错配类型成为优化经济空间的关键之处。

除此之外，陈诗一和陈登科（2018）聚焦于雾霾污染的负外部性对经济高质量发展的影响。他们选取空气流动系数控制雾霾污染空间溢出效应，分析了雾霾污染对经济发展质量的影响。赵涛等（2020）借助"宽带中国"这一准自然实验，在城市层面上分析了数字经济促进高质量发展的效应与机制，揭示了数字经济对高质量发展存在的非线性关系与空间溢出效应。上述两项研究为本研究验证粮食生产的正外部性对经济发展的正向影响提供了重要的借鉴意义。然而在他们的研究中仅仅控制了空间外部性，并没有对空间外部性产生的影响在定量和机制方面做分析。

（三）粮食生产与经济发展

已有文献对粮食生产和经济发展关系的研究主要有两方面：

一是利用空间统计方法分析粮食产量与经济发展时空格局变化和耦合关系，但并未对两者关系有一致结论。谢坤等（2021）基于2000—2017年中国县域数据分析发现，中国人均粮食产量存在空间集聚特征，整体上看粮食集聚和经济集聚水平欠平衡，但两者协调性有所改善。齐蘅和吴玲（2017）支持了这一观点，但具体到不同地区的粮食主产区来看，东北地区和东南地区的"粮食—财政"空间关系有相反的变化趋势。刘影等（2015）的研究结果显示：1978—2013年经济重心和粮食中心分别向西南和东北方向偏移，粮食主产区在省域层面上的粮食生产水平和经济发展水平的空间不匹配趋势增强。刘杰等（2021）以重要粮食主产区东三省为例，将粮食生产与经济发展的关系分为7类，其中东北地区以粮食生产较强制约型和粮食生产较强免疫型为主，粮食生产表现出的"逆经济性"在产量大县上反映更加明显。

二是利用传统计量经济学方法分析地区粮食生产与经济发展水平的关系。目前这方面研究较少。马彪和陈璐（2019）采用双变量相关分析发现，粮食主产区与粮食主销区人均粮食产量的差距与人均财政收入差距正相关。辛翔飞等（2016）利用县级面板数据的实证结果显示，粮食生产与经济发展负相关，且粮食补贴政策更不利于财政收入的增长。

（四）文献评述

已有对粮食生产的研究形成了诸多研究成果，为本文提供了重要参考。也有研究开始关注粮食生产的空间特征，并把空间因素考虑到粮食生产研究中，这都对本文有重要的借鉴意义。然而，已有研究也存在一些可以突破和改进的地方。

第一，从研究视角来看，已有分析粮食生产的空间特征的文章大多采用的是描述统计分析方法，这种方法仅考虑了不同区域异质性的特征，并没有考虑粮食生产所产生的空间相关性。而采用空间统计分析方法的研究大多仅采用了经济重心、全域和局域自相关分析，因其能够较好地分析粮食生产的空间分布特征，然而难以进一步识别粮食生产影响因素的因果关系以及粮食生产所产生的空间外部性。而少数利用计量经济学考察粮食生产与经济发展的文献没有很好地识别因果关系，而且集中关注了粮食生产与经济发展水平的负向关系，由于缺少对粮食生产空间溢出效应的考虑，结论均忽视了粮食生产对全域经济发展的积极影响。

第二，从研究方法来看，少有几篇采用空间计量经济学的研究，几乎都是采用的空间误差或空间滞后模型。这两个空间计量模型较好地将空间因素纳入模型中，是传统计量方法的改进。但是，空间误差或空间滞后模型仅仅控制了空间因素影响，并无法测算出空间外部性（或空间溢出效应）。这可能会高估或低估其他因素对粮食生产的影响，也会造成粮食生产对经济绩效作用的测算偏误。另外，已有研究对空间权重矩阵的设置往往采用的是 0~1 邻接矩阵或欧式距离矩阵。但是，粮食生产对其他地区的影响并不仅仅产生于相邻地区。两地之间的欧氏距离也不能完全反映经济距离的影响，因为不同地区之间欧氏距离相等，但是通勤时间可能差异很大。

基于上述考虑，为更好地探索地区粮食生产对经济发展的影响，本文有以下几方面改进：一是从时空视角识别粮食生产对经济发展的影响并重点聚焦于粮食生产对空间的溢出效应，以弥补这方面的研究缺口。二是通过空间 Durbin 模型和偏微分方法测算粮食生产对经济发展的直接影响、空间溢出效应和总体效应，进一步提升空间计量分析精度。三是选取了交通时间①构造空间权重矩阵。这种测算方法基于交通 GPS 大数据，考虑了不同等级道路和不同区域间实际道路的通勤效率，能够更好地测度经济距离。

（五）影响机制分析

本文将结合包容性增长理论，从粮食生产空间外部性的角度，梳理粮食生产对当地经济发展和其他地区经济发展的影响。

农业的外部性源自农业的多功能性：农业能够以联合产出的形式，同时提供多种商品性或非商品性的产出物；以及很多非商品性产出所表现出的外部性或公共物品特征，使得这些产品的市场要么不存在，要么运作不良。实际上，农业的外部性，特别是粮食生产的外部性还体现在空间维度，即本区域的粮食生产可能对其他地区的经济社会发展产生影响，这也是"以城带乡"和完善粮食主产区利益补偿机制的理论依据。

仅从经济任务和经济功能考虑粮食生产的外部性。粮食生产一方面可能会挤占经济增长所需的劳动力、土地和资金等要素，另一方面粮食生产的比较收益较低，低于经济作物的种植，又远远低于非农产业的收益。种粮收益是影响粮食产量的重要因素（文献），种粮的比较效益明显偏低，从而会影响到种粮劳动力投入的积极性（何蒲明 等，2014）。因此，从经济层面来看，不管是地方政府还是粮食经营户，其种粮的意愿均不足，粮食生产可能存在市场失灵现象，社会有效供给不足，粮食生产对经济发展将没有影响或有负向影响。由此提出假说 H1。

---

① 交通时间是通过百度地图查询的两地行政中心之间驾驶机动车辆消耗的最短时间（精确到分钟）。

H1：粮食生产对本地经济发展有负向影响或没有影响。

粮食生产的外部性带来的地区间福利非均衡，使得在没有政策约束的情况下地方政府与中央目标不一致，导致地方政府理性地将要素投入高税收收益生产活动，可能对国家粮食安全造成威胁。庆幸的是，中国步入工业化后期，农业带来的外部性更加受到重视，从产业纬度推出了一系列"以工补农"政策。另外，鉴于城乡、区域不平衡、不充分发展的现实，政府开始推行一系列区域的平衡发展战略和"以城带乡"的政策。粮食生产成为各区域的经济任务，更是政治任务。国家通过"省长负责制""粮食主产区"等方式协调种粮的区域布局，激发地方政府和各主体的种粮积极性。粮食市场化背景下，粮食跨区域交易和调配可以实现粮食的内循环和均衡。开放市场背景下，打破粮食的封闭供给均衡，基于"大国效应"，粮食还可以通过进出口政策在一定程度上补给国内的粮食需求。因此，各地方政府一方面基于自身资源禀赋开展粮食生产保障自给，另一方面也通过各级协商与博弈，在能够保障本地粮食供给的同时，尽量将粮食生产占用的资源最小化。因此，本地的粮食生产可能为其他地区的经济发展和全域的经济发展做出贡献。由此提出假说 H2。

H2：粮食生产对其他地区经济发展和全域经济发展有正向影响。

三、四川省粮食生产的空间特征分析

（一）数据来源

本文采用了多层次数据相结合的分析方法，将主要涉及中国三级行政区域划分的行政单位（省级、市级和县级）2000—2018 年的数据。省份数据主要来源于历年《四川统计年鉴》，各城市数据主要来自历年《中国城市统计年鉴》，各县数据主要来自历年《中国县域统计年鉴》。

（二）四川省各县粮食生产分布

选取 2007 年、2010 年、2013 年和 2016 年的数据，采用分层着色方法绘制四川省年各县粮食生产空间分布图，可直观识别粮食生产的区域分布。并得知，四川省粮食产量空间分布变化不大，粮食主产县主要集中在东部和南部，并且存在一定的集聚现象。其中，部分县粮食产量呈上升趋势。

（三）四川省粮食生产重心变迁

重心的变迁可以反映地理要素总体位移特征。表 1 为四川地区 2000—2018 年各市州的粮食生产重心分布，可以看到 20 年间四川的粮食生产重心变化格局不大，基本位于中部地区，在德阳市境内徘徊，但是有不断向东北部移动的趋势。南部城市除凉山彝族自治州和宜宾外，粮食产量低于四川中北部城市。

生产格局的变动主要源于四川省内耕地资源的空间格局及其变化趋势和城市发展，东部地貌属于盆地和盆地边缘山地，西部地貌属于高山高原和山地，四川省中部是成都平原，地形平坦，水系发达。这样的自然资源禀赋形成了四川省内粮食生产的空间分布格局。

表1　四川省粮食生产中心坐标

年份	X	Y	年份	X	Y
2000	104.931 2	30.796 92	2010	104.955	30.761 65
2001	104.894	30.697 38	2011	104.957	30.768 00
2002	104.952 3	30.767 96	2012	104.958 8	30.764 44
2003	104.975 2	30.767 59	2013	104.962 1	30.757 09
2004	104.965 5	30.768 83	2014	104.958 4	30.757 01
2005	104.976 2	30.771 37	2015	104.961 3	30.756 16
2006	104.928 7	30.749 15	2016	104.951 8	30.768 09
2007	104.938 5	30.764 53	2017	104.991 5	30.739 73
2008	104.951 2	30.757 68	2018	104.992	30.737 9
2009	104.952 5	30.762 67			

（四）四川省粮食生产空间统计分析

空间分布图仅是对空间相关性的直观判断，往往还需要对数据进行空间统计分析。空间统计分析往往采用的是探索性空间数据分析（ESDA）。探索性空间数据分析是一系列空间数据分析方法和技术的集合，以空间关联测度为核心，通过描述和可视化数据的空间分布、识别空间集聚、非典型位置和空间异值点，探测数据的空间联系模式、空间异质性的范围和形式（Le Gallo J et al.，2003）。其核心是对全域空间自相关和局域空间自相关的度量。因此，本文将通过绘制四川省历年 Moran 散点图划分中国粮食生产的空间分布类型，识别四川省的局域空间自相关特征。

根据四川省历年的粮食生产的 Moran 散点图（见图1～图5）可以发现，四川省粮食产量具有一定正向的空间自相关性。2000—2018 年，四川城市中德阳、广安、巴中、达州、成都、南充成为粮食产量主要区域，其粮食生产空间分布逐渐向这些区域聚集。相反，甘孜及攀枝花地区则是四川省内的粮食低产量生产区。其中，德阳与广安一直处于高—高（HH）象限，达州在 2002 年实现了从高—低（HL）象限到 HH 象限的跨越。巴中从 2000 年开始在一、二象限交界处徘徊，终于在 2011 年完成了从低—高（LH）象限到 HH 象限的跨越。成都与南充在 HH 象限与 HL 象限交接处上下浮动，整体上有向 HH 象限靠近的趋势。而雅安逐渐从 LH 象限进入（低—低）LL 象限，甘孜、攀枝花和乐山稳定在 LL 象限。

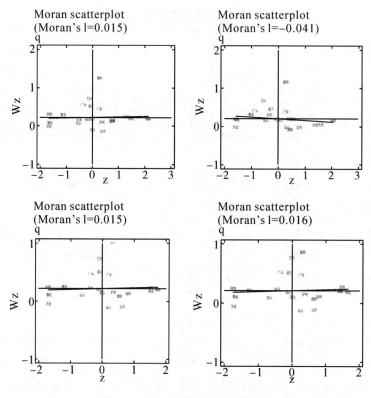

图 1   2000—2003 年 Moran 散点图

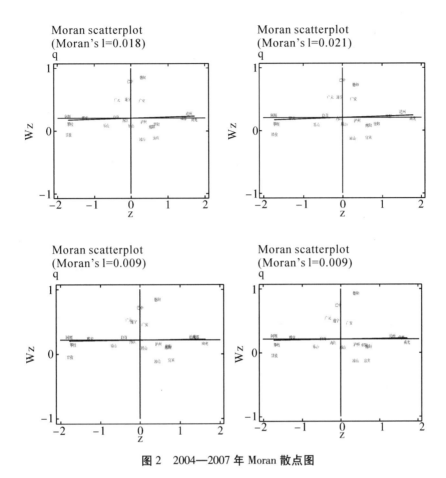

图 2　2004—2007 年 Moran 散点图

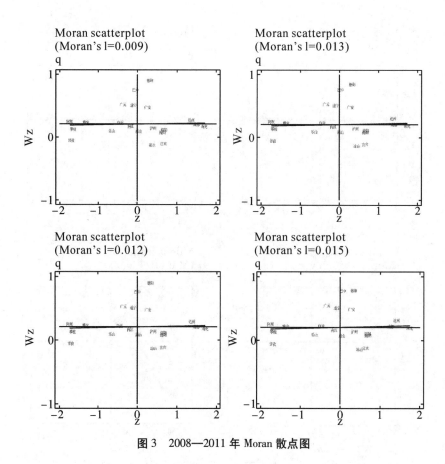

图 3　2008—2011 年 Moran 散点图

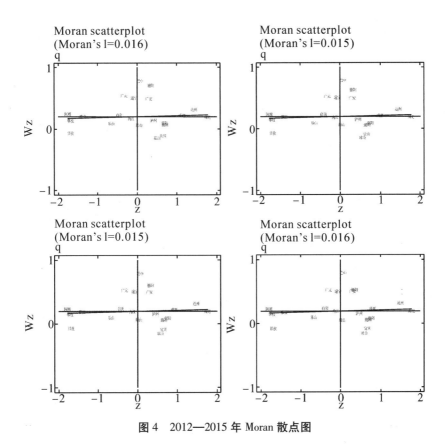

图 4　2012—2015 年 Moran 散点图

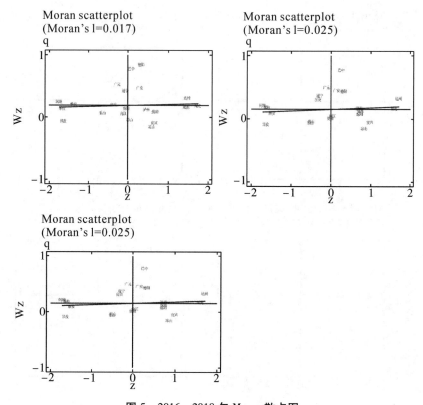

图 5　2016—2018 年 Moran 散点图

四川省各市（州）粮食产量局部 Moran 指数如表 2 所示。

表 2　四川省各市（州）粮食产量局部 Moran 指数

城市	局部 Moran 指数				
	2000 年	2005 年	2008 年	2013 年	2018 年
阿坝藏族羌族自治州	−0.448	−0.385	−0.393	−0.371	−0.317
雅安市	−0.291	−0.224	−0.281	−0.204	−0.257
广元市	−0.187	−0.131	−0.169	−0.234	−0.167
巴中市	−0.077	−0.159	−0.181	−0.163	−0.097
攀枝花市	−0.066	−0.097	−0.09	−0.104	−0.089
宜宾市	−0.075	−0.098	−0.096	−0.089	−0.093
自贡市	−0.068	−0.042	−0.065	−0.084	−0.084

城市	局部 Moran 指数				
	2000 年	2005 年	2008 年	2013 年	2018 年
内江市	−0.027	−0.044	−0.045	−0.043	−0.055
乐山市	−0.019	−0.036	−0.043	−0.02	0.001
遂宁市	−0.029	−0.014	−0.023	−0.029	0
眉山市	−0.002	0.003	−0.023	0.002	0.032
凉山彝族自治州	−0.001	0.003	0.003	0.021	0.071
泸州市	0.023	0.035	0.031	0.047	0.037
绵阳市	0.065	0.05	0.049	0.059	0.05
资阳市	0.086	0.067	0.064	0.057	0.135
德阳市	0.355	0.245	0.273	0.19	0.068
成都市	0.339	0.237	0.299	0.206	0.108
广安市	0.115	0.138	0.127	0.151	0.213
达州市	0.279	0.424	0.354	0.441	0.229
南充市	0.242	0.298	0.254	0.301	0.532
甘孜藏族自治州	0.092	0.164	0.147	0.178	0.206

四、粮食生产与财政收入的实证分析

本文实证检验粮食生产对经济发展的直接影响和空间溢出效应。借鉴陈诗一和陈登科（2018）的研究方法，基于四川省县级面板数据，本文采用空间Durbin 模型，探索了粮食生产对经济发展的空间溢出效应。

（一）计量模型构建

1. 模型设定

根据经济增长理论以及前文理论的梳理和描述，基于选取的变量，本文构建了如下计量模型：

$$\text{eco}_{it} = \alpha_0 + \beta_1 \text{foodstuff}_{it} + \beta_2 \text{mig}_{it} + \beta_3 \text{inv}_{it} + \beta_4 \text{industry}_{it} + \beta_5 \text{save}_{it} + \beta_6 \text{area}_{it} + \mu_i + \lambda_t + \varepsilon_{it} \tag{1}$$

其中，eco_{it} 为 i 县（区、市）t 年经济发展指标，foodstuff_{it} 为 i 县（区、市）t 年粮食总产量，mig_{it} 为 i 县（区、市）t 年农村劳动力流动率，inv_{it} 为 i 县（区、

市) t 年固定资产投资，industry$_{it}$ 为 i 县（区、市）t 年规模以上工业企业单位数，save$_{it}$ 为 i 县（区、市）t 年居民储蓄存款余额，area$_{it}$ 为 i 县（区、市）t 年行政区域面积，α_0 是截距项，$\beta_1 - \beta_6$ 是待估参数，μ_i 和 λ_t 分别是空间和时间上的特定效应，ε_{it} 是随机扰动项。

本文采用 Lesage 和 Pace（2009）构建了空间 Durbin 模型（Spatial Durbin Model，缩写 SDM）。本文的空间杜宾模型为：

$$
\begin{aligned}
\text{eco}_{it} = {} & \alpha_0 + \beta_1 \text{foodstuff}_{it} + \beta_2 \text{mig}_{it} + \beta_3 \text{inv}_{it} + \beta_4 \text{industry}_{it} + \beta_5 \text{save}_{it} + \beta_6 \text{area}_{it} + \\
& \rho_1 * \sum_{j=1}^{N} w_{ij} * \text{eco}_{it} + \gamma_1 * \sum_{j=1}^{N} w_{ij} * \text{foodstuff}_{it} + \gamma_2 * \sum_{j=1}^{N} w_{ij} * \text{mig}_{it} + \gamma_3 * \sum_{j=1}^{N} w_{ij} * \\
& \text{inv}_{it} + \gamma_4 * \sum_{j=1}^{N} w_{ij} * \text{industry}_{it} + \gamma_5 * \sum_{j=1}^{N} w_{ij} * \text{save}_{it} + \gamma_6 * \sum_{j=1}^{N} w_{ij} * \text{area}_{it} + \mu_i + \lambda_t + \\
& \varepsilon_{it}
\end{aligned} \tag{2}
$$

其中，w_{ij} 为使用百度地图查询城市 i 到城市 j 驾驶机动车辆所消耗的交通时间（精确到分钟）；α_0 为截距项；ρ、$\beta_1 - \beta_6$、$\gamma_1 - \gamma_6$ 为待估系数；ε_{it} 表示服从独立同分布的误差项，其均值为 0，方差为 σ。

需要说明的是，$\sum_{j=1}^{N} w_{ij}$ 代表空间权重矩阵。这是一个 N 阶的对称矩阵，其中 $w_{ij} = w_{ji}$，对角线元素 $w_{11} = w_{22} \cdots = w_{NN} = 0$，$w_{ij} = w_{ji}$，其形式如下所示。因此，空间权重矩阵与相应变量相乘得出的空间变量是其他区域变量的加权加总：

$$
\sum_{j=1}^{N} w_{ij} = \begin{bmatrix} w_{11} w_{12} \cdots & w_{1N} \\ w_{21} w_{22} \cdots & w_{2N} \\ \cdots & \\ w_{N1} w_{N2} \cdots & w_{NN} \end{bmatrix} \tag{3}
$$

2. 数据来源

本文构建了四川省 140 个县 2007—2017 年的面板数据集，数据来自 2008—2018 年的《中国县域统计年鉴》。有必要特别指出的是，为更加准确地衡量经济距离和构建空间权重矩阵的交通时间，本文采用的是根据四川省的各县（区、市）地理位置分布，通过百度地图查询的两地行政中心之间的交通距离，以及驾驶机动车辆消耗的时间。百度地图的测算基于区域内和区域间机动车辆的交通 GPS 大数据，智能化选取了两地之间平均交通时间最短的道路，实际的交通时间以机动车辆两地之间的平均交通时间衡量。这种测算方法考虑了不同等级道路和不同区域间实际道路的通勤效率，能够更好地测度经济距离。

3. 变量说明

表3给出了相关变量说明。在县级层面，本文选取了经济发展作为因变量。地方政府因在财政收入中占有较高分成比例而刺激地方政府实行积极的经济政策，考虑到数据的可得性和可比性问题，本文采用了人均财政收入来衡量地方经济发展。粮食生产作为自变量，选取粮食产量衡量粮食生产。参考已有文献，选取农村劳动力流动率（伍山林，2016；潘越 等，2010；毕先萍，2006）、固定资产投资（周业安 等，2008；刘金全 等，2002）、县级规模以上工业企业单位数（张国建 等，2019）、居民储蓄存款余额和行政区域面积作为控制变量。

表3 变量说明

项目	变量名称	变量含义	变量单位
因变量	人均财政收入	县人均财政收入=财政收入/总人口	元
自变量	粮食产量	县粮食总产量	吨
控制变量	农村劳动力流动率	县农村劳动力流动率=（总人口-第一产业从业人员）/总人口	%
	固定资产投资	县固定资产投资	万元
	县级规模以上工业企业单位数	县规模以上工业企业单位数	个
	居民储蓄存款余额	县居民储蓄存款余额	万元
	行政区域面积	县行政区域面积	平方千米
矩阵	空间权重矩阵	交通时间倒数作为空间权重，形成 140×140 的一个矩阵 w	

（二）空间 Durbin 模型

1. 固定效应的选择

通过 F 检验和 Hausman 检验，其 F 统计量为 59.77，并且 p 值均为 0.00，因此选取固定效应模型将会得到更好的实证效果。随后，进行 Hausman 检验。检验结果发现，Hausman 检验统计量估计值为 72.92，其伴随概率 P 值为 0.00，说明拒绝原假设，表明拒绝了随机效应模型，应该利用固定效应模型进行估计。

2. 回归结果

通过计量模型的构建，能够对四川省粮食生产对经济发展的贡献度进行具体分析。在 2007—2017 年四川省 140 个县（区、市）的面板数据的基础上，使用 Stata 估计及检验。其中模型二是考虑了空间溢出效应的空间 Durbin 面板回归模型。由于空间 Durbin 模型违背了传统计量模型中解释变量严格外生和残差扰动项独立分布的假设，一般采用极大似然法（ML）进行估计（龙小宁等，2014）。本文采用了极大似然法对模型进行估计。

回归结果如表 4 所示，采用固定模型模型一显示，本地粮食生产对经济发展在 1% 的统计水平上有负向显著的影响，说明本地粮食生产可能挤占本地用于非农产业发展的资源，反而不利于经济发展。该结果与大部分此类研究结论相同（刘杰 等，2021；辛翔飞 等，2016）。此外，农村劳动力流动率和居民储蓄均对当地经济发展具有正向显著的影响。

本文更关注模型二采用空间 Durbin 模型的估计结果。考虑到在粮食生产空间溢出效应下，粮食生产对本地经济发展没有显著影响，但粮食生产对其他地区的经济发展存在的溢出效应在 5% 统计水平上显著为正，假说 H1 和 H2 得到验证。对比模型一、二，没有考虑空间溢出效应的模型很可能高估了粮食生产对经济发展的负向影响。此外，农村劳动力流动率对经济发展也有正向显著溢出效应，原因可能在于农村劳动力跨区流动带来了要素的重新优化配置，为经济增长做出了贡献（伍山林，2016）。固定资产对经济发展具有负向的空间溢出效应。张学良（2012）认为这可能与人口的高流动性和单向流动特征有关。

表 4　回归结果

变量	模型一	模型二
粮食生产	−0.001 *** （−3.053）	0.000 3 （0.56）
农村劳动力流动率	0.195 *** （8.67）	0.04 （0.42）
固定资产投资	−0.000 052 8 （−0.756）	0.000 073 8 （0.74）
规模以上工业企业单位数	−0.43 （−0.219）	0.68 （0.36）
居民储蓄存款余额	0.001 *** （8.83）	0.001 *** （4.72）

表4(续)

变量	模型一	模型二
行政区域面积	0.30 (0.86)	0.34 (1.05)
W * 经济发展		25.76 (1.33)
W * 粮食生产		0.729** (2.10)
W * 农村劳动力流动率		220.040* (1.66)
W * 固定资产投资		-0.265** (-2.315)
W * 规模以上工业企业单位数		-12,659.978*** (-3.857)
W * 居民储蓄存款余额		0.519*** (3.33)
W * 行政区域面积		2 611.00 (1.36)
观测值	1 540	1 540
拟合优度	0.21	0.15

注: *、** 和 *** 分别代表在10%、5%和1%的水平上显著。括号内为 t 值。

（三）直接影响与空间溢出效应测算与分析

将模型二设定为最终模型，估计结果表明粮食生产对经济发展存在着空间溢出效应。直接影响和空间溢出效应需要通过偏微分方法进一步求解出效应数值。为此，首先将空间 Durbin 模型改写成矩阵形式：

$$Y = (I - \rho W)^{-1} \alpha l_N + (I - \rho W)^{-1} (X\beta + WX\theta)(I - \rho W)^{-1} \varepsilon \qquad (4)$$

其中，I 是单位向量，l_N 是 N×1 的单位向量，ε 是空间和时间上的特定效应。对于式（5），其中 Y 关于第 1 至第 N 个区域的自变量 X 中第 k 个变量的偏微分矩阵是：

$$\left[\frac{\partial Y}{\partial x_{1k}} \cdots \frac{\partial Y}{\partial x_{Nk}} \right] = (I - \rho W)^{-1} [I\beta_K + W\theta_k] \qquad (5)$$

式（5）中，最右端矩阵的对角线元素均值捕捉了直接影响，每行或每列中非对角元素之和的均值则是间接影响，也称为"溢出效应"。第 k 个变量的变化对自变量的直接冲击是 β_K，相邻区域溢出效应的平均取值是 $\sum\limits_{i=1}^{N}\sum\limits_{j=1}^{N}w_{ij}\theta_k/N(i \neq j)$，这个溢出效应是由自变量与距离矩阵相乘产生的。本文粮食生产对经济发展的溢出效应实际上指粮食生产通过经济距离加权而产生的对其他区域经济发展的冲击。根据 LeSage 和 Pace（2009）的方法可得：

$$(I - \rho W)^{-1} = I + \rho w + \rho^2 w^2 + \rho^3 w^3 + \cdots \tag{6}$$

通过预先设定式（6）右侧 ρ 和 w 的阶数，更容易求得每次参数联合抽样的直接与间接效应取值（丁志国 等，2011），得到粮食生产对经济发展的直接影响、空间溢出效应和总体效应（见表5）。

表 5　各自变量直接影响、溢出效应和总体效应计算结果

变量	直接影响	空间溢出效应	总效应
粮食生产	0.000 346 4 （0.64）	0.009 * （1.76）	0.009 * （1.90）
农村劳动力流动率	0.04 （0.49）	2.59 （1.25）	2.63 （1.28）
固定资产投资	0.000 074 2 （0.77）	−0.003 * （−1.948）	−0.003 * （−1.911）
规模以上工业企业单位数	0.22 （0.12）	−147.734 *** （−2.716）	−147.514 *** （−2.690）
居民储蓄存款余额	0.001 *** （5.02）	0.006 ** （2.23）	0.007 ** （2.47）
行政区域面积	0.46 （1.25）	32.14 （1.24）	32.59 （1.25）

注：*、** 和 *** 分别代表在 10%、5% 和 1% 的水平上显著。括号内为 t 值。

由表5的计算结果可知，粮食生产对经济发展直接影响不显著，但是有显著为正的空间溢出效应，产生的总体效应也是正向显著的。具体而言，当地粮食生产可能对经济发展影响并不显著，甚至可能为负。但是从全域角度来看，粮食产量每增加1万吨，其他地区人均财政收入将增加90元，按照四川人口8 367万人测算，粮食产量每增加1吨，财政收入将增加75万元。可见，粮食生产与经济发展的关系并非只有严格的消极关系，粮食生产对全域的经济发展具有十分重要的作用。

五、主要结论与政策建议

（一）主要结论

第一，本文通过分析 2000—2018 年四川省市县两级数据发现，四川东部和南部粮食产量较高，并且呈现出一定的集聚现象。近 20 年间四川省的粮食生产重心基本位于中部地区，但是有不断向东北部移动的趋势。德阳、广安、巴中、达州、成都、南充逐渐成为粮食产量主要区域，且粮食生产空间分布逐渐向这些区域聚集。

第二，采用 2007—2017 年四川省 140 个县的面板数据，通过空间 Durbin 模型实证研究后发现：粮食生产对当地经济发展直接影响不显著，但是有显著为正的空间溢出效应，产生的总体效应也是正向显著的。具体而言，当地粮食生产可能对经济发展影响并不显著，甚至可能为负。但是从全域角度来看，粮食产量每增加 1 万吨，其他地区人均财政收入将增加 90 元，按照四川省人口 8 367 万人测算，粮食产量每增加 1 吨，财政收入将增加 75 万元。

（二）政策建议

粮食生产对当地经济发展影响有限，但对全域的经济发展具有十分重要的作用。基于此结果，本文提出以下政策建议：

（1）重塑粮食产业经济地理，优化区域、产业空间布局。综合考虑自然、经济和政治因素，从区域经济整体发展的互补性与协调作用出发，合理分配和布局粮食产业，动态优化调整粮食主产区、平衡区和主销区。在主产区，优化粮食示范生产基地布局，打造粮食产业集群。以提升农产品品质和附加值为目标，通过循环农业、粮食精深加工、订单农业、农超对接等方式，推进农业价值链向"微笑曲线"两端延伸的相合发展。在主销区，围绕重要线路的终点布局战略卸车点，并配以粮食分销子系统，保证粮食快速接卸、及时加工、高效配送，争取实现南北、东西粮食快速通达。

（2）优化粮食空间政治经济，完善粮食生产的补偿机制。明确粮食安全不仅要满足产量层面的供需关系，实际上也需要满足空间层面的供需关系。一方面，在"绿箱"框架下，不断优化基于面积的补贴政策。强化对粮食规模经营、粮食产业集群的基础设施投入和社会化服务的补贴力度。另一方面，推进跨区域的粮食补偿机制和税收分成机制。完善粮食流通和贸易体制，构建跨区域的粮食均衡体系和补偿体系，通过市场调节粮食供给。加强省际合作协调，消除跨区农产品贸易壁垒，稳定国内农产品供需市场，解决农产品供需的空间错配问题。

（3）增强粮食产销区域协同机制，做好粮食的初次分配、二次分配和三次分配。充分发挥市场机制，不断完善粮食交易市场。建立全国统一、信息完全、公平竞争的粮食流通市场。充分强化粮食生产与经济发展的配套机制，给予粮食主产区对应帮扶补贴。协调地方经济和城市发展与粮食生产的关系，保证一定数量的农业劳动力和耕地供给。提高粮食最低收购价格，健全收购制度。加大非粮食产区对粮食产区的对口支援和收益分担机制。

主要参考文献

［1］CAI E X, JING Y, LIU Y L, et al. Spatial-temporal patterns and driving forces of ecological-living-production land in Hubei province, Central China ［J］. Sustainability, 2018, 10（2）: 66.

［2］CORINNE A B, JAMES P L. Quantifying knowledge spillovers using spatial econometric models ［J］. Journal of Regional Science, 2011, 51（3）, 471-496.

［3］FUJITA M, THISSE J F. Economics of agglomeration: Cities, industrial location, and globalization ［M］. Cambridge: Cambridge University Press, 2002.

［4］GODFRAY H, et al. Food security: The challenge of feeding 9 billion people ［J］. Science, 2010, 327（5967）: 812-818.

［5］YING L G. Understanding China's recent growth experience: A spatial econometric perspective ［J］. The Annals of Regional Science, 2003, 37（4）: 613-628.

［6］陈飞，范庆泉，高铁梅. 农业政策、粮食产量与粮食生产调整能力 ［J］. 经济研究，2010（11），101-114.

［7］陈诗一，陈登科. 雾霾污染、政府治理与经济高质量发展 ［J］. 经济研究，2018，53（2）: 20-34.

［8］程国强，朱满德. 新冠肺炎疫情冲击粮食安全：趋势、影响与应对 ［J］. 中国农村经济，2020（5）: 13-20.

［9］程国强. 世界贸易体系中的中国农业. 管理世界，2005（5），84-90.

［10］程名望，贾晓佳，俞宁. 农村劳动力转移对中国经济增长的贡献（1978—2015年）：模型与实证 ［J］. 管理世界，2018，34（10）: 161-172.

［11］邓仲良，张可云. "十四五"时期中国区域发展格局变化趋势及政策展望 ［J］. 中共中央党校（国家行政学院）学报，2021，25（2）: 66-76.

［12］杜志雄，韩磊. 供给侧生产端变化对中国粮食安全的影响研究 ［J］. 中国农村经济，2020（4）: 2-14.

［13］高鸣，魏佳朔. 加快建设国家粮食安全产业带：发展定位与战略构想 ［J］. 中国农村经济，2021（11）: 16-34.

[14] 戈大专, 龙花楼, 李裕瑞, 等. 城镇化进程中我国粮食生产系统多功能转型时空格局研究: 以黄淮海地区为例[J]. 经济地理, 2018 (04), 147-156.

[15] 李周. 中国走向共同富裕的战略研究 [J]. 中国农村经济, 2021 (10): 2-23.

[16] 刘大千, 刘世薇, 温鑫. 东北地区粮食生产结构时空演变 [J]. 经济地理, 2019 (5), 163-170.

[17] 刘杰, 杨青山, 江孝君, 等. 东北地区粮食生产与经济发展的关系类型与地域格局 [J]. 经济地理, 2021, 41 (3): 39-48+57.

[18] 刘影, 肖池伟, 李鹏, 等. 1978—2013 年中国粮食主产区 "粮-经" 关系分析 [J]. 资源科学, 2015, 37 (10): 1891-1901.

[19] 陆文聪, 黄祖辉. 中国粮食供求变化趋势预测: 基于区域化市场均衡模型 [J]. 经济研究, 2004 (8), 94-104.

[20] 潘桔. 中国区域经济发展不平衡测度及影响因素分析 [D]. 沈阳: 辽宁大学, 2020.

[21] 潘文卿. 中国的区域关联与经济增长的空间溢出效应 [J]. 经济研究, 2012, (1): 54-65.

[22] 齐蘅, 吴玲. 我国粮食主产区粮食生产与收入水平的协调度分析 [J]. 经济地理, 2017, 37 (6): 156 - 163.

[23] 田相辉, 张秀生. 空间外部性的识别问题 [J]. 统计研究, 2013 (9): 94-100.

[24] 涂建军, 刘莉, 张跃, 等. 1996—2015 年我国经济重心的时空演变轨迹: 基于 291 个地级市数据 [J]. 经济地理, 2018, 38 (2): 18-26.

[25] 王凤, 刘艳芳, 孔雪松, 等. 中国县域粮食产量时空演变及影响因素变化 [J]. 经济地理, 2018, 38 (5): 142-151.

[26] 王钢, 钱龙. 新中国成立 70 年来的粮食安全战略: 演变路径和内在逻辑 [J]. 中国农村经济, 2019 (9): 15-29.

[27] 吴文斌, 唐华俊, 杨鹏, 等. 基于空间模型的全球粮食安全评价 [J]. 地理学报, 2010 (8): 907-918.

[28] 夏四友, 赵媛, 许昕, 等. 江苏省粮食生产时空格局及其驱动因素. 经济地理, 2018 (12): 166-175.

[29] 谢坤, 丁明军, 辛良杰, 等. 中国县域粮食产量的时空格局及其与经济发展的空间关系 [J]. 经济地理, 2021, 41 (11): 167-175.

[30] 杨慧, 渠丽萍, 杨保战, 等. 粮食与经济重心迁移路径及空间耦合关系分析: 以湖北省粮食主产县为例 [J]. 中国农业资源与区划, 2018, 39

（12）：40-47.

　　［31］赵涛，张智，梁上坤.数字经济、创业活跃度与高质量发展：来自中国城市的经验证据［J］.管理世界，2020，36（10）：65-76.

　　［32］朱晶，臧星月，李天祥.新发展格局下中国粮食安全风险及其防范［J］.中国农村经济，2021（9）：2-21.

疫后四川重要农产品稳产保供的长效机制研究

汪希成　谢小蓉

西南财经大学　中国西部经济研究院　四川成都　611130

【摘要】 农产品稳产保供是重要的民生工程。新冠肺炎疫情暴发以来，粮食等重要农产品的稳产保供成为经济社会稳定发展的关键因素。本报告以四川省2014—2019年的数据为基础，分析了粮食、猪肉、蔬菜等重要农产品的供需情况以及疫情防控期间暴露出的问题。粮食等重要农产品稳产保供涉及生产、流通、储备、消费等环节，要做到粮食等重要农产品产得出、运得走、备的足、买得起，需要通过重要农产品的生产激励机制、产销衔接机制、储备调节机制、价格稳定机制建立稳产保供的长效机制，以此来稳住"三农"基本盘。

【关键词】 粮食安全；重要农产品；稳产保供；长效机制；四川

农产品稳产保供是重要的民生工程。有效保障城乡居民"米袋子""菜篮子""肉盘子"的安全，是维护社会稳定、稳住"三农"基本盘，更好发挥"三农"压舱石作用的基础和关键。重要农产品供给不足，小则会影响居民的正常生产生活秩序，大则可能造成社会动荡。2020年年初以来的新冠肺炎疫情曾造成个别地区居民的担忧心理，出现抢购和囤积粮油现象。疫情持续时间长，影响范围大，部分粮食主产国还曾出台限制粮食出口的政策，进一步加剧了粮食市场的不稳定局面。2020年中央1号文件明确提出：要"持续抓好农业稳产保供和农民增收，推进农业高质量发展，保持农村社会和谐稳定，提升农民群众获得感、幸福感、安全感"。2020年4月17日召开的中共中央政治局会议提出，要做好包括"保粮食能源安全"在内的"六保"任务。四川是农业和人口大省，确保重要农产品的稳产保供，对保障全省8 300多万人口的粮食安全和生活稳定，维护经济社会发展大局等具有不可替代的作用。

一、四川重要农产品的供需状况

本报告所指重要农产品主要包括粮食、猪肉和鲜菜（含食用菌）。

（一）粮食产量增长缓慢，产需缺口巨大

四川是全国 13 个粮食主产区之一，也是西部地区唯一一个粮食主产区。但是，近年来粮食产量增速缓慢，产需矛盾较为突出。2014—2019 年，四川粮食产量从 3 324.6 万吨增长到 3 498.5 万吨，增长了 5.23%，年均增长1.02%；粮食播种面积从 625 万公顷增长到 627.9 万公顷，增长了 0.46%，年均增长 0.09%（见图 1）；粮食消费量增长了 10.72%①，年均增长 2.06%，高于产量增长率；其中，口粮消费减少了 5.78%，饲料用粮和工业转化用粮增长了 23.54%。产需缺口扩大了 23.57%。从未来发展趋势看，随着人口的自然增长和城镇化、工业化进程加速，产需缺口会进一步扩大，"引粮入川"的数量也会持续增加。

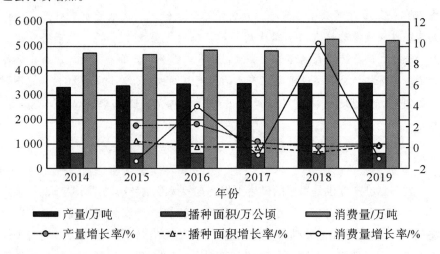

图 1　2014—2019 年四川粮食产量、播种面积和消费量变化情况

资料来源：粮食产量和粮食播种面积数据来源于历年《四川统计年鉴》；粮食消费量数据由四川省粮食和物资储备局提供。

分品种来看，2014—2019 年，稻谷、小麦、玉米三大主粮品种产量从2 695.2 万吨增长到 2 778.1 万吨，增长了 3.08%；其中，稻谷产量从 1 450.5万吨增长到 1 469.8 万吨，增长了 1.33%；小麦产量从 298.0 万吨减少到

---

① 粮食消费数据由四川省粮食和物资储备局提供。出于数据保密的需要，此处隐去绝对量，仅用相对量反映。

246.2 万吨，减少了 17.38%；玉米产量从 946.7 万吨增长到 1 062.1 万吨，增长了 12.19%。稻谷播种面积从 189.2 万公顷减少到 187 万公顷，减少了1.16%；小麦播种面积从 81.4 万公顷减少到 61.1 万公顷，减少了 24.92%；玉米播种面积从 173.9 万公顷增加到 184.4 万公顷，增长了 6.04%（见表1）。

表 1　2014—2019 年四川稻谷、小麦、玉米产量和播种面积变化情况

年份	稻谷产量/万吨	稻谷播种面积/万公顷	小麦产量/万吨	小麦播种面积/万公顷	玉米产量/万吨	玉米播种面积/万公顷
2014	1 450.5	189.2	298	81.4	946.7	173.9
2015	1 465.2	187.9	284.5	74.7	992.3	181.7
2016	1 467.3	187.4	259.6	68.4	1 068	186.6
2017	1 473.7	187.5	251.6	65.3	1 068	186.4
2018	1 478.6	187.4	247.3	63.5	1 066.3	185.6
2019	1 469.8	187	246.2	61.1	1 062.1	184.4

资料来源：历年《四川统计年鉴》。

从人均口粮消费量来看，2014—2019 年，人均口粮消费量从 147.62 千克下降到 142.70 千克，下降了 3.33%。这主要是由于膳食结构的改变，肉、禽、蛋、奶等食物消费的增加导致了口粮消费下降。从价格变化情况来看，2014—2020 年上半年粮食价格基本稳定，价格指数略有下降（见图 2）。

图 2　2014—2020 年上半年四川粮食价格指数变化情况

资料来源：由四川省统计局提供。

从粮食供需平衡情况来看，四川粮食产不足需，缺口逐年扩大，未来主要

依靠加大"引粮入川"的力度和仓储流通基础设施的改善，以满足日益增长的粮食需求。

（二）猪肉产量锐减，价格大幅上涨，消费量下降

四川是全国生猪养殖第一大省，也是猪肉消费大省，除自身消费外，每年还要大量外调以支援外省。2014—2019 年，生猪出栏头数从 7 445.00 万头减少到 4 852.6 万头，减少了 34.82%；猪肉产量从 527.2 万吨减少到 353.68 万吨，减少了 32.91%；消费量从 277.34 万吨增加到 279.39 万吨，增长了 0.74%。但受非洲猪瘟的影响，2019 年生猪出栏头数同比减少 16.9%，猪肉产量同比锐减 26.5%，猪肉消费量同比下降了 13.8%（见图 3）。

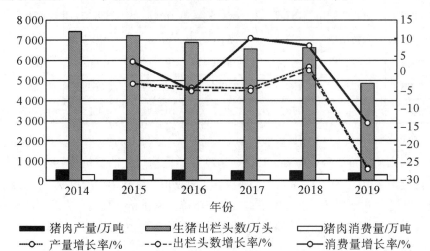

图 3　2014—2019 年四川猪肉产量、生猪出栏头数和消费量变化情况

资料来源：数据来源于历年《四川统计年鉴》，消费量数据根据年人均消费数据和常住人口总数计算而来。

从人均猪肉消费量来看，近年来基本保持增长态势，2018 年达到 38.86 千克的峰值，而 2019 年受产量大幅减少和价格大幅上涨的影响，人均猪肉消费量为 33.36 千克，同比下降 14.15%。2018 年以来，猪肉价格大幅上涨，价格指数从 96.0 上涨到 2020 年上半年的 174.6，上涨幅度达到 81.88%（见图 4）。

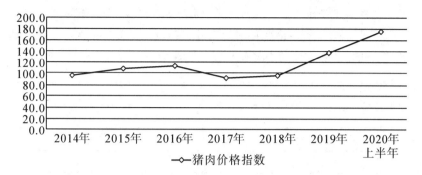

图4 2014—2020 年上半年四川猪肉价格指数变化情况

资料来源：由四川省统计局提供。

（三）鲜菜产大于需，价格基本稳定

四川是全国重要的蔬菜产区，是"南菜北运"和冬春蔬菜生产基地。经过多年的发展，蔬菜已成为四川种植业中栽培面积最广、产出量最大的经济作物，面积、产量均位居全国前列，不仅保障了全省人口蔬菜的基本需求，而且常年外销到全国各地，有效保障了全国蔬菜市场供给。2014—2019 年，鲜菜及食用菌产量从 3 838.35 万吨增长到 4 639.1 万吨，增长了 20.86%，年均增长 3.86%；播种面积从 124.2 万公顷增加到 141.3 万公顷，增长了 13.77%，年均增长 2.61%；消费量从 1 001.00 万吨减少到 993.75 万吨，减少了 0.72%（见图5）。

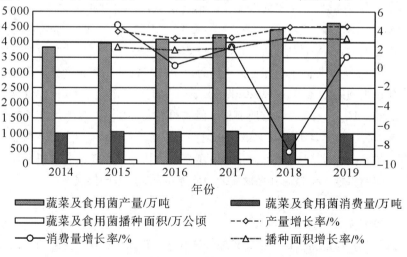

图5 2014—2019 年四川鲜菜及食用菌产量、播种面积和消费量变化情况

资料来源：数据来源于历年《四川统计年鉴》，消费量数据根据年人均消费数据和常住人口总数计算而来。

从人均鲜菜消费量来看，2014—2019年，从122.97千克下降到119.14千克，下降了3.11%。从价格变化情况来看，2014—2020年上半年，蔬菜价格基本稳定，价格指数在波动中略有上涨（见图6）。

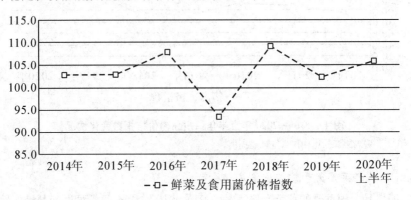

图6 2014—2020年上半年四川鲜菜及食用菌价格指数变化情况
资料来源：由四川省统计局提供。

二、四川重要农产品稳产保供面临的突出问题

（一）粮食生产的总体形势不容乐观

近年来，四川在全国粮食生产中的地位逐年下降，粮食产量从2004年的全国第3位下降到2019年的第9位，粮食贡献指数位列13个粮食主产区最末。粮食产不足需，结构性矛盾突出，每年"引粮入川"的数量约占自身粮食生产量的1/3，并且从粮食剩余区转变为粮食短缺区，成为"粮食主产区中的主销区"。为了提高粮食综合生产能力，2014年《四川省粮食生产能力提升工程建设规划纲要（2014—2020年）》开始实施，并划定了90个粮食生产重点县（市、区），粮食产量有所增长，但增幅不大，稻谷产量年均增长率仅为0.38%。而且，自2006年以来，稻谷播种面积已连续13年下降。小麦播种面积和产量已经连续20多年下滑。四川作为农业和人口大省，今后相当长一段时期，保障粮食安全将面临更加复杂的形势和更加严峻的挑战。

（二）农业生产的要素约束增强

1. 土地资源约束加剧

近年来，通过落实最严格的耕地保护政策，耕地面积快速下降的局面有所遏制，但从农业生产能力提升的角度来看，仍然面临诸多困难。一是土地细碎化严重，人均耕地面积少。2018年按户籍人口计算的人均耕地面积仅有1.106亩，低于全国1.455亩（1亩≈666.67平方米，后同）的平均水平，且坡耕地面积比重高，平原仅占 7.7%，推行农业适度规模经营的难度大。二是耕地质量不容乐观，主要表现为中低产田土面积大且污染严重，对农业单产水平的提高有明显的制约作用。在全省耕地中，中低产田面积占七成以上，造成农产品产量年际间稳定性较差。三是耕地撂荒现象严重，尤其是丘陵、山区等偏远地区的耕地撂荒形势更加严峻。由于大量青壮年劳动力外出务工致农业劳动力短缺、地理条件限制、种植比较效益低、土地流转机制不健全、农业机械化程度不高等，部分地区农村耕地大面积撂荒。据开江县今年 6 月对任市镇响水滩、甘棠镇马号等山区村的调查，约有 3 成耕地撂荒；另据广元市利州区的调查，全区有 1.9 万亩耕地撂荒，约占全区耕地面积的 15.5%。耕地撂荒严重，复耕难度大，便原本数量不多的耕地更加稀缺。

2. 劳动力老龄化严重

据第三次全国农业普查数据，2016 年，四川农业生产经营人员中，55 岁及以上的人员占比为 38.1%，比全国的 33.6% 高出 4.5 个百分点；初中以下学历的农业生产经营人员占比为 94.9%，比全国的 91.8% 高出 3.1 个百分点；其中未上过学的农业生产经营人员占 9.0%，比全国的 6.4% 高出 2.6 个百分点。农业劳动力老龄化趋势明显且受教育年限低和接受新技术的能力有限，致使四川面临严峻的"谁来种地"的困局。

3. 农业科技推广体系薄弱

纵向来看，虽然四川农业生产条件也在不断改善，但粮食产量的增长水平仍然较低，表明传统农业的精耕细作达到较高水平之后，单纯依靠改善生产条件来提高粮食产量的作用有限，未来应主要以科技进步作为粮食增产的新动力，着力提高单产水平。但是，目前的关键问题在于没有建立起有效的技术推广机制，公益性技术推广困难。当前农业科技推广人才队伍面临人员素质偏低、队伍不稳定、工作积极性不高等现实问题，严重制约了农业科研成果的转化和应用。在乡、镇基层推广机构中，具有大专以上学历的推广人员相当少，还有很大比例的中专以下文化程度的人员在从事农业技术推广工作。同时由于专业学习和技能培训的机会少，在职农技人员知识断层、老化，知识更新速度缓慢。近年来，农民专业合作社虽然在农业技术推广方面发挥了一定作用，但由于综合实力较弱、带动能力有限，这些都在一定程度上影响了农业新技术的推广应用和效益发挥。

(三) 农户种植养殖意愿不强

1. 农户种粮的积极性不高

这主要表现为粮食生产成本上升，种粮利润减少。2018 年，四川中籼稻、小麦、玉米三种粮食生产的平均总成本为 18 539.40 元/公顷①，比 2009 年提高了 10 288.5 元/公顷②，增幅为 124.70%。粮食生产成本上升主要是物质和服务费用、人工成本上升和土地成本增加所致，粮食生产成本的快速上升导致粮食生产的净利润急剧下降。2018 年，中籼稻、小麦、玉米三种粮食生产的平均净利润为-3 626.40 元/公顷，比 2009 年减少了 5 261.40 元/公顷（见图7）。

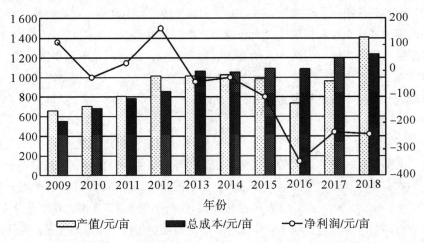

图7　2009—2018 年四川省三种粮食生产的产值、成本与利润变化

资料来源：历年四川省主要农产品成本收益情况报告。

2. 农户养殖意愿不强

受非洲猪瘟和新冠肺炎疫情的双重影响，农户的生猪养殖意愿不强。当前养殖户对复产增养仍然信心不足，愿望不强烈，众多养殖户仍处于观望状态。由于非洲猪瘟防治难度大，许多养殖户担心猪瘟再次暴发，短期内不愿意增养。

（四）农业生产条件较为薄弱

1. 耕地有效灌溉面积增长缓慢

四川耕地有效灌溉面积占耕地面积的比重一直低于全国平均水平。2000—2018 年，四川耕地有效灌溉面积增长了 18.5%，占耕地面积的比重从 38.37% 提高到 43.45%，提高了 5.08 个百分点；全国有效灌溉面积增长了 26.9%，占耕地面积的比重从 41.81% 增长到 50.60%，提高了 8.79 个百分点。四川有效

---

① 四川省 2018 年主要农产品成本预测分析，见四川省人民政府网，http://www.sc.gov.cn/10462/10464/10797/2018/6/6/10452516.shtml。

② 2009 年数据来源于：苗芊. 四川省 2009 年主要农产品成本收益情况分析 [J]. 2010 (4)：12-18。

灌溉面积数量少、占比低，导致抵御自然灾害的能力较弱。

2. 农业机械化水平较低

四川农业机械化水平远低于全国平均水平。2018 年，全国主要农作物耕种收机械化水平为 67%，而四川为 59%，比全国平均水平低 8 个百分点。农业机械化水平的提高能够节约人工劳动，降低农业生产的人工成本，提高农业生产效率。四川农业机械化水平较低，丘陵山地面积大，难以实施机械化耕种，需要有针对性地从政策上大力扶持并加快发展。

（五）物流基础设施薄弱

1. 冷链物流设施建设不足

农产品流通连接生产和消费，是稳定市场供给和促进农民增收的重要载体，是脱贫攻坚内生动力的重要保障。但是，四川大多生产基地及销售终端尤其是批发市场农产品预冷库、保温保鲜仓库、冷藏库等设施较为缺乏，大多运输设备不具备保温保鲜功能，导致农产品的储藏、加工和运输能力不足，制约了农产品物流的发展。

2. 农产品物流主体的组织化程度不高

目前四川省的农产品物流还处于商物合一的初级阶段，农产品生产者的采购和销售的运输大都由其自行解决，第三方物流发展缓慢。以农户为主体的生产主体经营规模小，结构松散，竞争力差。尤其是贫困地区特别是深度贫困地区仍以"小农生产"为主，生产经营分散、集中度较低，交通不畅，物流成本高，生产与消费市场信息不畅，农产品直采直销较少，产品的商品率较低。以龙头企业为代表的流通主体规模弱小，功能不齐全，供应链组织困难，物流系统的运作主体比较单一，主要是以农产品加工企业为主的龙头企业，但龙头企业在市场上的影响力有限，很难成为农产品供应链的核心主体。

3. 农产品物流主体之间信息流通不畅

农产品物流信息贯穿农产品物流活动的始终，从产前、产中到产后，每一个阶段、每一个环节的物流信息都应及时处理。目前，四川农业信息网络不健全，缺乏一个统一规划设计的信息系统，市场供求信息不能快速传递，物流信息化应用较低，农户获得市场信息的成本偏高。由于缺乏有效的信息导向，农资和农产品的物流生产和流动具有一定盲目性，难以应对市场需求的变化。同时，物流供应链上企业之间缺乏统一的信息平台以供各企业进行信息交流，造成本应多边共赢的企业相互之间缺乏必要的了解，阻碍了农产品供应链的发展。

（六）粮食企业经营状况堪忧

1. 国有粮食企业亏损严重

近年来，由于地方储备粮轮换出入库费用不断上涨，市场粮价总体上涨且波动较大，新陈粮食价差过大，但储备粮轮换的财政费用补贴标准偏低，导致承储企业储备粮轮换价差亏损严重，储粮越多，亏损越严重，企业缺乏储粮的积极性。

2. 成品粮加工产能过剩情况严峻

目前，四川大米和食用植物油的产能利用率分别为 26% 和 30%，大部分企业加工量远远小于设计产能。规模小、竞争力弱的企业难以维持正常运行，处于半停产状态，开工不足，设备利用率不高，优质产能不足。

3. 传统加工行业整体发展水平较低

目前四川成品粮油业企业规模小、实力弱、管理粗放等问题突出，市场竞争力弱，缺乏具有产业带动能力的大型成品粮油龙头企业。初加工、粗加工产品多，缺乏市场竞争力。产品品牌影响力仅限于县域、市域辖区内，知名品牌少。部分品种粮食供求结构性失衡问题凸显，加工企业转型升级相对滞后。

4. 中小企业提档升级面临瓶颈制约

中小企业发展面临资源环境约束加大、要素成本上升等挑战，人工、水电、流通、市场等运行成本上升较快，盈利空间不断压缩。科研力量薄弱，技术人才缺乏，研发投入不足，中高端产品供给较少，产品附加值低，行业整体利润较低，缺乏发展后劲。

（七）价格监测预警机制不健全

1. 价格监测主体不明确

当前，从事农产品市场信息采集工作的部门很多，采集信息的方式和要求各不相同，存在资源浪费和不经济现象，采集种类和标准的不同甚至可能造成最后分析结果出现较大差异。

2. 信息采集标准缺失

不同规格、不同时点上市的农产品在市场上往往表现为多个价格。从产品形态和时间来看，种植类产品种类繁多，肉禽类产品生产和流通端形态不一致；从空间来看，不同的监测方法会导致区域信息出现共享障碍，这些都给数据信息的采集和利用造成了很大困扰。原始数据的不准确会使统计分析结果出现误差，从而不利于市场公平交易的进行。

3. 信息发布机制不健全

开展农产品市场监测预警的最终目的，是服务于农产品的生产者和经营者、服务于政府的宏观调控决策，但由于当前绝大部分商品价格已经放开，由市场形成，而价格监测点的人员不足、专业监测素质不高、监测方式简单，存在重监测轻分析现象，部分监测点实际上只起到了报价的作用，不能有效地发挥价格监测点信息窗口作用。

4. 监测人员的工作积极性不足

由于没有专门从事价格监测工作的机构，除省级承担价格监测工作的部门外，省级以下承担价格监测工作的人员基本都是兼职，工作任务重，难以把主要精力投入价格监测工作中去。而且，承担价格监测工作的机构大部分没有专门的监测经费，许多单位靠行政经费或事业费及其他渠道的经费来承担工作，经费负担较重，难以保障价格监测工作的顺利开展。

三、疫后四川重要农产品稳产保供长效机制的构建

重要农产品稳产保供涉及生产、流通、储备、消费等环节，要做到重要农产品产得出、运得走、备得足、买得起，需要建立重要农产品的生产激励机制、产销衔接机制、储备调节机制和价格稳定机制。

（一）生产激励机制

生产是稳产保供的前提和基础。流通、储备、消费等环节的农产品均来自生产，能否有效确保城乡居民的"米袋子""菜篮子""肉盘子"的安全，关键要看能否生产得出、生产得好、生产可持续。中央之所以反复强调确保粮食等重要农产品的有效供给，尤其重视粮食安全，原因就在于若生产不出、生产不及时、生产不高效，不仅无法应对常态需要，而且难以满足突发情况的应急需要。要牢牢把饭碗端在自己手里，既要碗里常态有粮，也要碗里应急有粮，因此必须深入贯彻落实"藏粮于技、藏粮于地"战略，在重要农产品的生产上常抓不懈。

生产激励机制应突出"高"字，即生产者的积极性高、产品质量高，重点应抓好生产能力提升、龙头企业带动、物资充足供应、加工转化升级、技术指导有效、执法监管全面等工作。

1. 强化能力建设

一是夯实粮食生产基础。坚持新时代国家粮食安全观，重点加强粮食综合生产能力建设。加快推进"藏粮于地""藏粮于技"战略落实落地，加强高标准农田建设，千方百计稳面积、稳产量，尤其是要采取有效措施，尽快遏制稻谷播种面积连年下降的局面，稳步提高稻谷产量。按照省委、省政府加快推进现代农业"10+3"产业体系建设的总体要求，延伸粮食产业链、提升价值链、

打造供应链，加快推进粮油产业高质量发展。推进"五优联动"，促进"产购储加销"一体化发展。支持有条件的企业向上游延伸建设原料基地、向下游延伸发展粮油加工，建设物流、营销和服务网络，推进粮源基地化、加工规模化、产品优质化、服务多样化。高效实施"川粮"提升工程，持续抓好"天府菜油"行动，大力推进"优质稻米"产业发展，加快推进粮食产业转型升级和高质量发展。突出稻谷、油菜籽等特色农产品资源，实施规模化种植、标准化生产、产业化经营，增加绿色化、优质化、特色化、品牌化粮油产品供给。支持示范企业以"公司+合作社+基地+农户"模式结成利益共同体，开展订单收购，建设种植加工基地，增加优质粮食产品供给。依托县域培育粮食产业集群和发展集聚区，推广优质水稻、油菜籽、酿酒用高粱、杂粮等区域特色粮食种植，大力发展地方优势产业专用粮基地。

二是抓好"菜篮子"产品生产。积极引导种植大户、合作社等规模经营主体全力推动蔬菜产业规模化、产业化发展，以现代农业产业园区建设为抓手，加快打造形成点线面结合的规模化生产基地。积极开展互助合作、错峰采收，着力解决蔬菜生产用工难、用工贵的问题。应急情况下，因地制宜大力发展设施蔬菜和"短、平、快"替代品种，大力发展工厂化育苗，缩短蔬菜生长周期。大中城市周边适当发展当季时令蔬菜、速生菜特别是叶类蔬菜等重要农产品的生产供应。

三是实施生猪复产增养行动计划。严格落实稳定生猪生产促进转型升级的各项扶持政策，进一步加大生猪生产力度，切实保障生猪养殖用地，推进新建改建猪场建设，大力发展标准化规模养殖和积极带动中小养猪场（户）并重发展，增加猪肉供应，促进全省生猪生产尽快恢复到常年水平。重点支持有基础、有经验的规模养殖场提升改造，加大信贷支持力度，建立健全生猪政策性保险制度，加强种猪、仔猪、生猪及其产品的有序调运。建立市场预警及调控机制，开展生猪价格指数保险。支持畜禽养殖企业与屠宰加工企业按订单收购加工，及时有效补足市场供需缺口。进一步促进家禽和牛羊等草食家畜发展，加大肉类替代产品的生产与供应。支持畜牧产业转型升级，促进饲料企业上下游延伸、集团化经营。

2. 强化龙头带动

一是实施农业产业化龙头企业"排头兵"工程。重点扶持一批具有核心竞争力和行业带动力的集种植、收储、加工、销售为一体的农业产业化龙头企业。支持企业通过债务融资、增资扩股、收购兼并、战略重组等方式，打造一批规模大、实力强、技术装备先进的跨区域大型企业集团、产业联盟、产业联合体，强化联盟引领产业发展的示范功能，以集团优势带动产业发展，带动农民增收。支持大型生猪生产企业以收购、入股、合作、代管等形式，引领养殖场户改造提升，加快复产增养，增加产量和市场供应。

二是加强对农民合作社、家庭农场、种养殖大户等新型农业生产经营主体的扶持力度。对带动农户特别是贫困户较多、效果较好的新型农业经营主体，在财政项目资金上优先安排，各级切块分配下达的乡村振兴重大专项资金，优先扶持新型农业经营主体恢复生产，并采取"一企一策""一社一策"等方式帮助解决实际困难。

三是加大对民营和中小粮食企业的支持力度，鼓励有特色的中小企业发挥地方粮食资源优势，积极提升技术装备水平和创新经营方式，主动拓展发展新空间。

3. 强化物资供应

一是加强农资货源储备。各地供销合作社应充分发挥农资供应主渠道作用，主动适应农业种植结构调整带来的需求变化，不断优化货源结构。鼓励农资经营企业要加强与生产企业之间建立长期稳定的协作关系，稳定进货渠道，增加种子、肥料、农药、农膜、柴油等物资的储备，千方百计满足农民的生产需求。

二是保证农资商品质量。各地供销合作社、农资企业要进一步增强质量管理和品牌意识，严把进货质量关，加强自查自纠，并积极配合相关部门加大对制售假冒伪劣农资的打击力度，确保放心农资供应，维护农资价格稳定。深入推进"绿色农资"行动，推动农资销售与技术服务有机结合，推动农资企业加快转型升级，推进农资经营服务创新。

4. 强化加工转化

一是促进粮食加工企业提档升级。加快扶持一批优质特色粮食加工企业进行技术升级改造，倒逼落后产能退出，引领新老产业协调发展、新旧动能有序转换。扶持一批具有核心竞争力、行业带动能力的大型骨干加工企业和成长性好、特色鲜明的中小加工企业。

二是加快发展农产品精深加工与转化。统筹推动粮食精深加工与初加工、综合利用加工协调发展，增加专用型、功能性食品的有效供给。支持开发稻谷、油菜籽副产物等粮食精深加工产品，提倡稻谷、小麦等口粮品种适度加工。推动地方特色粮油食品产业化，加快发展地方特色产品和名优特色产业。积极发展冷链物流和产品加工配送。扶持蔬菜初加工企业向粉末蔬菜、营养物质提取等精深加工方向发展，生产除脱水蔬菜、速冻蔬菜、洁净蔬菜外的菜汁饮料、美容蔬菜等精深加工产品。加大对屠宰、肉制品加工企业的扶持力度，推进生猪、牛羊屠宰、精细分割、精深加工、产品研发等的发展，支持开发系列化、全营养、精包装、易贮存的精深加工产品。

5. 强化技术指导

一是组建粮食、蔬菜种植和畜禽技术指导小组，细化到每一个技术人员责任到乡的工作联系机制。结合脱贫工作，将驻村技术人员组建技术小分队，下沉到乡镇村组及田间地头，开展种养殖技术的指导、病虫害防治以及肥水管理等技术。

二是组织专家和技术人员与种养大户对接，大力推广种养新技术、新工艺及大棚蔬菜高效生产技术，提高标准化生产栽培和养殖水平。

6. 强化执法监管

一是严格落实农产品质量安全管理。全面落实农产品质量安全地方政府属地管理责任，建立以省级为骨干、市级为支撑、县级为基础、企业为补充，适合四川省省情和农情的农产品质量安全检验监测体系，明确各层级农产品质量安全检验监测的功能定位。打造一批以市级质检机构为核心的特色农产品监测中心，重点在产粮和产油大县新建或提升检验监测机构，实现质检机构全覆盖。以发挥作用效能为立足点，加大对检验监测机构薄弱地区的指导、协调和扶持力度，补齐短板。

二是健全农产品质量安全抽检制度。强化检打联动，开展农兽药残留、禁用药物、非法添加、假劣农资等问题专项整治，依法查处违法行为。加强对市场流通环节的价格巡查，严厉打击相互串通、哄抬物价、捏造散布涨价信息、囤积居奇等不服从价格管理规定等扰乱市场秩序的行为。整合发挥农产品质量安全检测机构的技术支撑能力，充实基层监管机构专业技术人员，不断织密编牢农产品质量安全监管网。

三是加大质量安全监管投入。进一步完善省、市、县、乡四级农产品质量安全追溯管理信息平台，建成稳定运行追溯体系，做到监管、检测、执法工作"三同步"，逐步实现从田头到餐桌全过程追溯，切实守好农产品质量安全底线。

（二）产销衔接机制

产销衔接是稳产保供的关键。无数事实证明，在农产品供给形势总体向好的情况下，风险往往出现在流通环节。如果流通不畅，即使有供给，也无法顺利送达消费者手中。新冠肺炎疫情期间封村断路，流通受阻，对城乡居民的生产生活造成了严重影响，再次验证了畅通产销的重要性。产销衔接机制重点突出"畅"字，即农产品市场供应要运输畅通、物流畅通和信息畅通，关键要抓好加强产销衔接、优化应急网点、创新配送模式等重点工作。

1. 加强产销衔接

一是深化粮食产销合作。实施四川粮油"走出去"行动，积极组织粮油企业参加中国粮食交易大会和产销对接会。大力培育大型跨区域粮食企业，鼓励通过合资、合作、参股等方式共同组建跨区域的粮食收储、加工和经营企业，发展长期稳定的产销合作关系。加强与传统粮源地开展多种形式的产销合作，跨区域建立商品粮生产和收储基地、加工园区、营销网络。加强政府层面的战略协作，加快推进成渝地区双城经济圈和万达开川渝统筹发展示范区建设，逐步扩大产销合作规模，加快大型综合物流园区建设，畅通物流通道，提高粮食流通的组织化程度。探索"物联网+大数据+云计算"等新技术在粮食产销合作中的应用，支持粮食企业互联网发展。

二是畅通"菜篮子"产品的销售渠道。摸清辖区内在田蔬菜种类、面积、产量，准确掌握本地需求、外调能力和购入需求。进一步落实好"菜篮子"产品运输"绿色通道"政策，加大产品调运力度，保障市场供应，同步监测区域内的供需变化和跨省跨区的供给调运情况，减少重大危机发生对农产品产地和销地相互衔接的影响。农产品流通企业和新型农业经营主体通过参股控股、兼并收购等多种方式形成产销优势互补、风险利益共担共享的股权投资合作企业，形成产销联动。积极开展"菜篮子"产品市场指导和产销对接工作，加强信息沟通，积极协调产区和销区构建稳定的对接关系。积极指导"菜篮子"产品生产企业、专业合作社和农户做好目标销地策划，特别是协助做好线上线下流通、物流运输渠道联系对接工作，确保产销两旺。应急情况下，由政府指定一批经营规模大、社会责任感强的生产、批发和零售企业，依托大型农产品批发市场、超市、商场、便利店、农贸市场建立应急商品投放体系，形成快捷便利、协调运转的市场应急供应机制。

2. 优化应急网点

一是加快推进省级综合性应急保供中心建设，形成省、市、县三级联动机制。建立由多部门协同组成的应急指挥机构，明确分工、完善职责，建立快速响应机制。以保障应急突发事件下农产品市场供应充足、价格平稳为目标，全面考虑人口、地理区位、交通、自然灾害风险等因素，建立健全粮食、蔬菜、肉类等重要农产品应急配送网络，实现区域性联动应急保供。

二是按照统筹安排、合理布局的原则，每个市（州）指定一批交通便利、设施较好、常年具备加工能力且符合应急加工条件的大中型粮油加工企业作为应急加工定点企业。加强粮食应急供应网点的建设和维护，以应急供应网点城乡全覆盖为原则，确保每个乡镇、街道、社区至少有一个应急供应网点。在城镇人口密集区域，以现有应急供应点、成品粮油批发市场、军粮供应站（点）、农贸市场、超市等为基础，新增一批应急供应点，增强辐射功能。在边远少数民族地区、灾害易发多发地区，适当增加应急供应网点，以保障应急状态下居民的购买需求。

3. 创新配送模式

一是加快建设一批区域性骨干粮油应急配送中心，加强智能化配送能力建设，并重点向民族地区、灾害频发地区倾斜，以提高突发事件中粮油等重要农产品的集中应急供给、调运及配送能力。全力打造以应急配送中心为基础，以农贸市场、生鲜超市和零售网点为补充的农产品市场流通体系。建议每个市州建立一个大中型粮油应急配送中心，有条件的县（市、区）改造建设一个区域性粮油应急配送中心，形成覆盖全面、布局合理、运作高效、保障有力的粮油配送网络。

二是发挥粮食骨干企业和应急加工企业的引领和稳定市场价格的作用，组织有序增加成品粮油商品库存投放，加大与大型超市、批发市场、农贸市场的对接，优先保障粮源需要，督促及时补足柜台货物，增强消费者信心。

三是大力发展农村商品物流，构筑农村商贸流通网络，鼓励连锁企业和超市向农村延伸。政府部门积极协调，帮助企业、种养殖户搭建线上平台，鼓励农产品进行线上销售。通过"农田直采+点对点配送"即"消费者线上下单，农户现场采摘，企业分装发货，快递到家"的模式，提高物流效率。

四是建立"菜篮子"产品直通车制度，积极引导企业、农户与超市、学校、社区建立供货机制，扩大"农超对接""农居对接""农校对接"范围，拓宽"直采直供"模式，打通双向流通渠道，减少流通环节。组织农产品团体采购活动，开展"无接触配送服务"，培育"生鲜电商+冷链宅配""中央厨房+食材冷链配送"等新业态。

（三）储备调节机制

储备调节是保供稳价的重要抓手。储备作为调节供需关系和平抑市场价格的"蓄水池"，应突出"实"字，即储备充实、责任落实，重点应做好完善收储制度、强化储备能力、增加储备品种等工作。

1. 完善收储制度

一是建立和完善粮油、蔬菜、猪肉等重要农产品的常态化储备制度。建立健全中央储备和地方储备、政府储备和社会储备协调机制，保持中央储备粮规模基本稳定，全面完成地方储备粮增储任务。鼓励符合条件的多元市场主体参与地方粮食储备相关工作。借鉴目前粮食专项储备、政策性临时储备的经验，探索建立蔬菜、肉类等重要农产品的调控储备，专门用于稳定市场。建立蔬菜、肉类应急储备调控中心，与主要蔬菜、肉类生产基地建立长期的蔬菜、肉类应急储备合作制度。鼓励当地龙头企业与外省蔬菜及肉类生产企业签订供货约束协议，有效降低经营成本，提高肉菜保供能力。

二是强化重要农产品的应急储备。为避免出现居民在农产品供不应求时的心理恐慌，粮食储备应采取常态储备与应急储备相结合，确保储备充足、调运及时。适应粮食需求变化，合理确定粮油储备规模，适当增加优质品种的储备比例，地方储备口粮品种比例原则上不低于70%。调整储备结构，政策性储备与市场化需求相衔接，适时在品种之间进行调整。以稻谷、小麦、油茶籽储备为主，适当增加玉米储备。成品粮油储备一般应达到 10~15 天的应急供应量。蔬菜和肉类储备应根据当地"菜篮子"产品生产消费实际情况，确定"菜篮子"产品储备品种（耐贮蔬菜、肉类）和储备数量，加强肉菜储备调运及产销衔接，保障"菜篮子"主要产品均衡供给，价格稳定。

2. 强化储备能力

一是按照"政府引导、统筹规划、突出重点、分级实施"原则，根据粮食产业发展、产销状况、运输条件和应急保障需要，建设高标准储备库，提档升级仓储设施，逐步形成省、市、县三级仓储设施体系健全和大型粮库、骨干粮库、小型收储库点相辅相成的仓储网络体系。积极推动粮食仓储退城入园，促进仓储物流相对集聚。新建一批容量较大、储粮功能完善的标准化智能粮库，重点推进一批带动性强、配套设施齐全、现代化水平高的粮食仓储物流综合项目建设。加快推进智能仓库、低温仓库和绿色仓库等现代仓储设施建设，做好仓储设施维护的常态化。加快推进三州及少数民族地区老旧仓房的维修改造与升级，切实改善仓储条件，提高仓储和应急保供能力。

二是根据四川省物流交通条件，充分考虑行政区划、粮源、收购量、储存量、粮食流向等因素，优化仓储布局，改善仓储结构，提升仓储功能。重点加强粮油生产大县（市、区）、城镇人口密集区、灾害频发地区和关键物流节点的仓储能力建设，完善收储网点，提升收储网点的收购、储备、保供综合能力。

三是加强政策支持和资金投入，重点培育发展一批大型龙头加工企业。按照区域日均粮油消费需求量，建立一定比例的粮油应急加工能力储备。加大成品粮油应急低温储备库建设的支持力度，严格落实储备任务，确保每个县保有一定数量的成品粮油应急储备。

四是建立社会责任储备，核定一批规模以上粮食加工企业加强社会责任储备。鼓励粮食经营企业建立合理商业储备。

3. 增加储备品种

一是加强农资储备。农资是农业生产的基础，尤其是农业的季节性决定了重要生产时节必须要有足够的农资产品与农事活动相匹配，种子、化肥、农药、农机装备要及时在各个生产环节实现供需对接。在应急情况下，必要的农资储备有利于保障农业生产经营活动的正常开展，减少不利影响。

二是加强饲料储备。四川是生猪养殖大省，饲料需求量大。新冠肺炎疫情导致养殖户损失的一个重要方面就是难以及时获得充足饲料，对此同样要做好储备工作。

（四）价格稳定机制

农产品价格是一把双刃剑，价格上涨虽对生产者有利，但会增加消费者的负担；价格下跌虽对消费者有利，但会打击生产者的积极性。价格稳定机制要突出"稳"字，即价格稳定、市场稳定，重点是要做好加强监测预警、完善调控机制、完善应急预案、强化价格监管等重点工作。

1. 加强监测预警

一是按照预防为主、治理为辅的原则，以保障重要农产品供需总量平衡为总要求，推进准确及时的农产品价格监测体系建设。加强价格监测预警基础建设，加快推进县（区）、乡镇农产品市场信息监测中心建设，健全价格预警制度，完善应急监测保障机制，确保信息监测网络全覆盖。

二是切实搞好鲜活农产品生产、粮油库存及加工供应、市场动态监测、预测预警、信息发布与舆情管控工作，密切关注重要农产品的产销动态，充分了解农产品批发市场、农贸市场、农（商）超等一线农产品供需及市场价格变动情况。优化价格预警分析模型，以面粉、大米、食用油等主要粮食品种或单一品种市场价格在15天内涨跌幅20%为基准，及时发出价格预警信息，并做好各项应急供给准备工作。

三是充分利用云平台、大数据技术优化信息资源配置，进一步强化农产品价格监测预警信息化水平。应急情况下，启动粮油市场监测预警日报告制度，全面准确掌握粮情动态，做好信息预测预警发布工作，切实增强工作的预见性、针对性和有效性，着力抓好粮源组织和落实，特别是小包装成品粮油的生产和调度。

2. 建立调控机制

建议对重要农产品实行稳定带价格制度。其基本作用机制为，政府首先根据农产品的供需价格弹性确定一个农产品市场价格合理区间，最低限为最低保证价格，最高限为最高干预价格。当市场价格低于政府确定的最低保证价格时，为维护农民利益、保护农民生产的积极性，政府指定的政策执行机构按照最低保证价格挂牌收购农民出售的农产品，增加储备；当市场价格高于最高干预价格时，为保证市场平衡运行，政府指定的政策执行机构将农产品储备投放市场，以增加供给、平抑价格；当市场价格处在稳定带价格以内，政府对价格不采取干预措施，由市场机制自发调节价格；当市场价格接近最低保证价格或最高干预价格时，发出价格预警信号，并做好价格干预准备，以稳定消费者预期。在农产品储备不足的情形下，可以通过紧急调运等措施增加市场供给，把价格控制在稳定价格带以内。

3. 完善应急预案

为了有效监测和控制各类突发公共事件或者其他原因引起的农产品价格异常波动，确保市场供应，保持市场价格基本稳定，建议尽快制定并出台《四川省粮食应急预案》《四川省"菜篮子"产品市场供应应急预案》，完善《四川省突发重大动物疫情应急预案》。建立重要农畜产品保供稳价应急机制，健全组织体系和应急响应工作机制，对重大疫情或自然灾害等异常情形及时做出反应，加强形势分析和风险研判，提升应急处置能力。

4. 强化价格监管

强化农产品价格监管机制，建立和完善农产品市场监管协作机制。建立以信用监管为基础的新型监管机制，优化信用评价标准和办法，全面建成企业信用监管体系。建立和完善检测机构、科研院所和专家学者参与的专业性抽查机制。加大执法监察力度，依法查处不执行明码标价、价格欺诈、串通涨价、囤积居奇、哄抬物价等违法行为。各地市场监管部门针对农产品价格波动情况，及时组织对生产、流通等各个环节的市场价格检查。

四、疫后四川重要农产品稳产保供长效机制的政策保障

（一）完善农业补贴政策

1. 提高农业补贴资金使用效率

进一步提高农业补贴政策的指向性和精准性，归并整合各类涉农资金，集中财力物力，重点加强农业综合生产能力建设。整合相关资金设立农田建设补助资金，大力支持高标准农田和农田水利建设。运用耕地地力保护补贴资金，鼓励各地创新方式方法，以绿色生态为导向，引导农民自觉提升耕地地力；支持利用农作物秸秆综合利用、农机深松整地、畜禽粪污资源化利用等资金，推进土地保护利用工作。利用生猪养殖补贴资金重点支持生猪规模养殖场（户）新建、改建和改进节水养殖工艺和设备、建设粪污资源化利用配套设施，助力尽快恢复生猪产能。

2. 加大财政资金统筹力度

严格落实"菜篮子"市长负责制，加大财政资金统筹力度，结合实际支持"菜篮子"产品生产企业改善安全防护措施，支持蔬菜规模化生产经营主体提升生产保供能力。加大冷链仓储物流建设的财政支持力度，重点支持家庭农场和农民合作社完善田间地头冷藏保鲜设施，不断增强农产品生产供给的弹性和抗风险能力。

3. 实施贷款贴息支持

用好用活产业扶贫资金，通过"公司+农户（贫困户）"等方式，建设一批标准化养殖场。对农民专业合作社、专业大户、家庭农场、农业社会化服务组织等新型农业经营主体的固定资产贷款和流动资金贷款，以及农业产业化龙头企业固定资产贷款给予贴息支持。省财政进一步加大贴息补助力度，采取"政银担"的模式，对有融资需求的从事粮油、蔬菜、禽蛋肉等民生物资生产的农业经营主体发放贷款，省财政筹措资金予以贴息支持，缓解经营主体融资难、融资贵的问题。

（二）加大金融支持力度

1. 深化银企合作

积极协调金融机构加大对粮食和蔬菜生产、畜禽养殖主体的再贷款支持力度。积极开展银企对接，细化实化具体措施，简化审批程序，全力保障重要农产品生产和农资供应信贷资金需求。指导政策性担保机构加大对"三农"产业的融资担保服务，深化与金融机构间的合作，全面加强和改进金融服务，健全农村金融服务体系。切实降低担保费率，减少反担保要求，扩大抵押担保物范围，着力缓解"三农"普惠领域特别是农民专业合作社及社员担保难、融资难、融资贵、融资慢的问题。

2. 加大涉农贷款投放

把支持"米袋子""菜篮子""肉盘子"工程作为服务"三农"的重点工作。针对"米袋子""菜篮子"工程，金融机构对重点信贷支持客户实施名单制管理，围绕农产品生产、加工、流通、销售全链条，放宽信贷审批权限，优化抵质押办法。应急情况下，金融机构要开辟快速审批绿色通道，简化审批流程，保障信贷规模，实施减费让利；推广线上"非接触式"金融服务，加强线上经营能力建设。针对"肉盘子"工程，围绕生猪产业发展重点客户和关键环节，积极支持生猪养殖、屠宰加工、运输流通以及饲料生产、疫病防控、畜禽粪污资源化利用等生猪全产业链客户。以生猪调出大县、大型养猪企业和规模化生猪养殖场为重点，突出支持规模养殖企业和养殖大户，带动中小养殖场户发展。

3. 开展农业信贷担保

充分发挥农业信贷担保体系作用，针对受新冠肺炎疫情影响较重的地区，对保民生急需的粮、油、肉、菜等生产和流通企业，适当增加担保额度；应急情况下，所有新型农业经营主体提供的融资担保，担保费减半收取；对于供应直接保障民生的粮油、蔬菜、禽蛋肉等民生物资生产的农业经营主体，降低保费率，支持新型农业经营主体恢复生产和提高产能。

（三）强化政策性农业保险支持

1. 加大以奖代补支持力度

坚持"突出地方主责、体现激励导向、助力乡村振兴、循序渐进实施"的原则，以保险经办机构市场化运作为依托，以农户、龙头企业、专业合作组织等投保主体自主自愿为前提，按照事权与支出责任相适应的要求，在市、县财政自主开展并给予特色农业保险保费补贴的基础上，省级财政给予奖励性补贴，奖补重点向地方优势特色农产品倾斜。以"一县一品"地方特色农产品保险为目标，实施特色保险奖补政策，以充分调动市、县政府开展特色农业保险的积极性。

2. 创新保险产品

鼓励农业保险经办机构进一步研发与丰富保险产品，鼓励开展由"保产量"向"保收入"转变的产品创新，开发和推广指数型农业保险，大力推广目标价格保险和收入保险，不断扩大政策性农业保险的覆盖面，更好地满足新型农业经营主体多元化保险需求，助力农村第一、第二、第三产业深度融合发展。建立全面覆盖区域内小农户生产的主要产品品种的农业保险制度，扩大针对小农户生产的农业灾害保险的范围，将粮食、蔬菜、关键畜产品、温室大棚、畜禽养殖设施设备、农业机械等纳入政策性农业保险险种，更好地满足小农户多样化保险需求，助力小农户与现代农业有机衔接。同时，鼓励各县（市、区）继续开展保险品种创新，根据各自特色，确定各地特色农业的保险险种。同时，积极探索建立以政府为主导、政策性保险为主体、商业性保险参与、其他社会力量为补充的多层次大灾风险损失补偿体系，切实提高抗御大灾风险的能力。

3. 促进农业保险组织创新和再保险的发展

在完善商业性农业保险机构的同时，推进互助性、合作性农业保险的发展，利用互助保险在控制道德风险、运营成本方面的制度优势，推进农业保险的普惠性发展。同时进一步推进农业再保险体系和功能、机制的完善。

主要参考文献

[1] 中央经济工作会议在北京举行 [N]. 人民日报, 2020-12-19.

[2] 中央农村工作会议在北京举行 [N]. 人民日报, 2020-12-30.

[3] 魏霄云, 史清华. 农家粮食: 储备与安全: 以晋浙黔三省为例 [J]. 中国农村经济, 2020 (9): 86-104.

[4] 李先德, 孙致陆, 贾伟, 等. 新冠肺炎疫情对全球农产品市场与贸易的影响及对策建议 [J]. 农业经济问题, 2020 (8): 4-11.

[5] 郭庆华. 新时期确保我国粮食安全的思路与建议 [J]. 粮食问题研究, 2020 (6): 4-8.

成渝地区双城经济圈粮食安全和生态安全协同发展研究

谢冬梅

四川财经职业学院　四川成都　610000

【摘要】实现粮食安全和生态安全协同发展，对加快推进成渝地区双城经济圈建设具有重要意义。本文在以往学者们研究的基础上，分析了粮食安全和生态安全协同发展的作用机理，结合成渝地区双城经济圈粮食安全和生态安全发展现状，总结出了成渝地区耕地资源和水资源压力大、化学投入品减量的基础还不牢等现实问题，提出了建立满足粮食安全和生态安全双重目标的耕地保护制度、提高水资源利用率、继续实施农药化肥减量化行动、开展节粮减损行动的政策建议。

【关键词】成渝地区双城经济圈；粮食安全；生态安全；协同发展

一、引言

生态安全是实现经济社会可持续发展的基础，是保障粮食安全以及社会稳定的基本前提。受新冠肺炎疫情、极端天气、地区冲突等因素的影响，国际粮价持续上涨，世界粮食安全形势不容乐观。联合国粮农组织发布的《2021年世界粮食安全和营养状况》报告指出，2020年新冠肺炎疫情大流行使世界饥饿状况急剧恶化，食物不足发生率迅速上升。与此同时，掠夺性耕作和滥用化肥、农药、农膜等行为严重威胁到了区域生态安全和粮食安全。面对疫情、生态系统退化、气候变化和水土资源紧缺可能给粮食生产带来的不利影响，中国亟须构建后疫情时代对生态系统产生积极影响的粮食供需体系。

成渝地区作为我国粮食主产区之一，粮食产量常年稳定在4 500万吨以上，约占全国的6.9%，对保障国家粮食安全有着举足轻重的作用。但是，近年来随着人口增长、城镇化工业化的快速推进，成渝地区粮食供需仍处于紧平衡状态，生态绿色、优质安全的粮食供给不足，结构性矛盾突出。进入后疫情时代，成渝地区双城经济圈作为我国经济增长的第四极，必须建立本地区的粮食供应基地，以保障应急条件下粮食的生产和快速供给，确保本地区在交通管制条件下的基本食物有效供给和安全保障。但是成渝地区人均耕地低于全国平均水平，面临着严重的资源"红线"、生态"红灯"等问题，从而对本地区中长期粮食安全构成了挑战。同时，成渝地区也面临着"一带一路""长江经济带""新时代西部大开发""乡村振兴"等多重战略叠加的战略机遇。在加快推动形成以国内大循环为主体、国内国际双循环相互促进的新发展格局下，深入且系统地开展后疫情时代成渝地区双城经济圈粮食安全和生态安全协同发展研究，能够为加快推进成渝地区双城经济圈建设提供重要的基础支撑。

二、文献综述

（一）粮食安全基本要义

自 20 世纪 70 年代"粮食安全"的概念被提出以来，随着粮食供需形势的几经演变，内涵也发生了很大变化。1974 年 11 月，联合国粮农组织（FAO）在第一届世界粮食会议上首次提出了"粮食安全"的概念，即"保证任何人在任何时候都能得到为了生存和健康所需要的足够食物"。1983 年，FAO 总干事爱德华·萨乌马将"粮食安全"的概念表述为"确保所有人在任何时候都能买得到又能买得起他们所需的基本食物"。2009 年，FAO 在《世界粮食不安全状况》报告中将"粮食安全"定义为"所有人在任何时候都能通过物质、社会和经济手段获得充足、安全和富有营养的食物，满足其保持积极和健康生活所需的膳食和食物喜好"。

Maxwell 等（1992）从宏观和微观两个层面上对粮食安全的概念进行了研究，并认为宏观层面上的粮食安全是指能够满足全球或国家的食物获取，微观层面上的粮食安全指能够满足和付得起一个家庭的粮食需求。Barett（1999）将粮食安全的概念看作四种组合：粮食是身体所需要的营养和热量的组合，粮食同其互补品的关系，粮食随时间的变化而产生的认知和反应，粮食供给的不确定性和风险。

我国于 1992 年提出了自己的粮食安全概念，认为粮食安全是指能够有效地提供全体居民以数量充足、结构合理、质量达标的包括粮食在内的各种食物。肖国安（2005）认为我国的粮食安全是一个涵盖国家粮食安全、家庭粮食安全、食品安全和营养安全四个层面的完整概念，这四者相互联系，互为统一体。熊丽英等（1999）认为粮食安全包含四个方面：一是能为该国或地区的居民长期稳定地提供充足的粮食，二是能给该国或地区的居民提供品种多样的食品，三是能给该国或地区的居民提供品质优良、无污染、无毒害作用的安全性粮食，四是在粮食生产、贮运、加工和消费过程中既不会对生态环境产生破坏和污染，也不会对居民健康产生影响和危害。

进入 21 世纪以来，当中国粮食的产量保障已无大忧的状况下，质量安全至少已经同数量安全同等重要。在 Douglas 提出的"农业可持续性"问题基础上，翟虎渠（2011）赋予了粮食安全以数量安全、质量安全和生态安全三个层次，为质量意义上的粮食安全的倡导提供了基础。聂英（2015）对耕地的数量和质量变化与粮食生产的相关关系进行了研究，揭示了耕地对粮食生产和粮食安全的贡献作用，并提出维护耕地质量、推进农地开发、确保耕地安全、从资源层面保障粮食安全的实现等相关政策。李雪等（2021）认为，粮食安全保障处于逐步从数量增长进入数量与质量并重的新阶段，需要更加注重粮食及农业的科技创新和绿色发展。

（二）生态安全基本要义

生态安全的概念由布朗于 1977 年首次提出，1989 年国际应用系统分析研究所首次定义了"生态安全"的内涵。2000 年，国务院发布的《全国生态环境保护纲要》再次提及"生态安全"，为生态安全研究奠定了概念基础。目前学术界尚未统一界定生态安全的内涵，学者们多从广义和狭义两种视角对生态安全进行理解：广义的"生态安全"包括自然生态安全、社会生态安全、经济生态安全三个层面，指国家生存和发展所需的生态环境不受破坏，从而避免生态环境的退化对经济基础、社会稳定构成威胁；狭义的"生态安全"侧重于自然和半自然生态系统的安全，在人类活动的干预下，生态系统能够保持其自身正常结构与功能，该视角更加强调生态系统的稳定性和完整性（岩流，2002；肖笃宁 等，2002）。

随着生态安全研究的开展，学者们开始对农业"生态安全"的内涵进行界定。最初，学者基于"生态安全"的定义，从社会与自然复合角度提出，农业生态安全的重要标志就是拥有健康的生态系统，能够进行自我恢复和调节，同时以人类的健康为最终目标，为人类生产安全的农产品并提供农业服务（章家恩 等，2004；徐光耀 等，2017）。随着农业农村经济的快速发展，由此引发的农业资源过度开发等问题致使农业生态安全难以为继，因此，越来越多的学者立足于农业可持续发展视角对农业生态安全进行诠释，即农业生态环境处于一种平衡、健康的状态，有着稳定、充足的自然资源可供利用，在这种状态下，农业能够实现生产、经济、社会的可持续发展（吴国庆，2001；徐菀浚，2016）。

（三）粮食安全与生态安全的关系

粮食安全研究中生态视角研究是不可或缺的一环，生态安全与粮食安全的关系研究一直是学术界研究的热点和难点。研究认为，生态安全与粮食安全关系主要有以下三点：

第一，生态安全是粮食安全的重要构成。翟虎渠（2004）认为粮食安全建立在"数量安全、质量安全和生态安全"基础上，其中生态安全是最基本的保障。胡岳岷、刘元胜（2013）则将生态安全纳入与粮食数量安全、品质安全与健康安全同等重要的价值范畴。王国敏、张宁（2015）将生态安全纳入广义粮食安全范畴。黎东升、曾靖（2015）则构建了生态安全、产品安全、资源安全、贸易安全"四位一体"的粮食安全体系。

第二，生态安全和粮食安全同等重要且相互影响。戴攸峥（2017）等认为，生态安全是粮食安全的基础，二者相互促进、相互影响。倪国华、郑风田（2012）则提出从生态安全与食品安全维度审视粮食安全。

第三，生态安全是影响粮食安全的重要因子。李腾飞、亢霞（2016）认为，全球气候变化和资源环境约束等给粮食安全带来了新矛盾与挑战。

（四）粮食安全与生态安全协同发展

关于粮食安全和生态安全协同发展的研究主要集中在以下三个方面：第一，生态安全视域下的粮食生产。冯永忠等（2005）提出粮食产量的不断提高为人类生存生活提供了巨大的物质能量来源，但是对农业生态环境又造成了不可忽视的影响。叶兴庆（2016）认为要从制度方面加强改善农业生态环境，建设高标准农田，实施"藏粮于地"战略。第二，水资源生态安全和粮食安全。水资源是关乎人类福祉的一种战略性资源，同时也是组成自然生态系统的重要基础性资源（贾绍凤 等，2014）。如今随着工业化和城市化的快速发展，农业可用水量被挤占，严重影响了区域粮食生产（Cao et al.，2018；Liu et al.，2021）。众所周知，可持续的供水对保障区域粮食的可持续生产至关重要（Damerau et al.，2019）。尤其是对中国最为干旱的西北地区而言，更是如此。中国西北地区的水资源极其匮乏，短缺的水资源是阻碍其粮食生产可持续发展的最大威胁。目前对区域出现的这些"新挑战"的研究缺乏统一的衡量指标。水足迹和虚拟水概念的提出为分析和研究区域粮食安全面临的新挑战提供了新的研究思路和方法。第三，耕地生态安全与粮食安全。耕地是一种土地利用的类型，其是经过人为的开垦后来种植农作物，并且经常耕耘和管理的土地（付国珍 等，2015）。正是基于其独特的自然类型，耕地资源是否安全直接与粮食安全、国家的健康发展密切相关。一定质量的耕地资源是确保国家粮食安全的关键因子（渠俊峰 等，2007）。中国大多数耕地的土壤质量较差，因此很难实现高产。随着我国城市化和工业化进程的加快，农田的净初级生产力下降（He et al.，2017）、土地退化、磷资源地减少。王珂等（2021）认为，高标准农田的建设不仅要注重基本农田的生产功能，保障粮食安全，也要注重基本农田的生态安全，从基本农田生态系统立地条件，景观条件，胁迫条件和粮食的供给、保障、获得条件出发，因地制宜建设高标准农田。

（五）文献述评

总体来看，目前学术界有关粮食安全、生态安全、粮食安全和生态安全关系、粮食安全和生态安全协同发展聚焦点的研究已经积累了一些有价值的文献，对本文的研究提供了一定理论指导和成果借鉴。但由于"成渝地区双城经济圈建设"提出的时间不长，对其粮食安全和生态安全协同发展还缺乏系统性的研究，导致现有研究得出的结论或提出的对策建议不具有针对性，不能对后疫情时代下成渝地区双城经济圈粮食安全和生态安全协同发展提供有针对性的路径指引。另外在现实中，成渝地区粮食综合生产能力虽然有一定提高，但是其有效灌溉面积和宜机作业高标准农田占比仍然较低，一些地区"靠天吃饭"的局面未能得到根本改变，科技支撑不足，对后疫情时代建立对生态环境友好的粮食供给保障机制的研究还严重不足。因此，本文在以往学者们研究的基础上，探讨了成渝地区双城经济圈粮食安全和生态安全协同发展机制和路径。

三、粮食安全和生态安全协同发展理论分析

（一）协同理论下粮食安全和生态安全关系

协同理论由德国著名物理学家斯图加特大学教授哈肯（HakenH）（1978）创立，该理论是以系统论、控制论、信息论等为基础发展起来的一门新兴学科。协同理论研究从无序转变为有序的共同规律。该理论把一切研究对象看成由子系统构成的系统，这些子系统彼此之间会通过物质、能量或信息交换等方式相互作用，通过子系统之间的这些相互作用，整个系统会形成一种整体的协同效应（王毅，2017）。协同理论强调系统内各元素的协同效应、快变量服从慢变量、序参量支配子系统，且具有内生性的自组织性，被广泛应用于现代管理中。系统之间或系统组成要素之间在发展演化过程中彼此的和谐程度称为协调度。

由于人口多、粮食供给压力大、农业生产相对落后，长期以来，我国把增加粮食生产作为农业生产和保障食物供给的最主要问题来解决。在相当长的时期中，为了增加粮食产量，首先考虑的是增加粮食作物种植面积，从而引发了毁林、毁草、开荒造田；为了提高单位面积产量，就不断地提高复种指数，增施化肥、农药等化学品，其结果是在粮食产量大幅度提高的同时也引发了诸多不良后果，如水土流失加重、农业资源退化、农业环境污染等。生态环境的恶化给我国粮食安全造成了严重影响。首先，导致农业资源总量的减少和质量的下降，主要表现在水土资源总量的减少和质量的破坏；其次，导致自然灾害频发，降低了生产产量，增加了直接经济损失。

粮食安全与生态安全是相辅相成、相互促进又相互影响的关系。粮食安全是前提，只有当粮食的供给量基本能满足人民的需求时，人们才会关注生态安全问题。但是，过分强调粮食安全问题又会对生态造成不利影响，反过来又不利于粮食问题的解决。因此，这就需要粮食安全和生态安全的协同发展。

（二）粮食安全和生态安全协同发展作用机理

1. 粮食安全对生态安全的作用机理

一般用粮食产量来衡量粮食安全水平，而粮食播种面积和单产水平是影响粮食产量的关键因素。一方面，扩大粮食播种面积，必然需要扩大耕地面积。在国土面积不变的前提下，增加耕地面积，需要减少林地、牧草地的使用面积。森林、牧草地的减少，破坏了当地生态环境，引发了水土流失、环境恶化等问题，沙漠侵袭可能更严重，干旱与洪涝增多，可能导致当地物种灭绝。另一方面，增加粮食产量的途径可以是提高粮食单产水平，主要依靠不断地提高复种指数，增施化肥、农药等化学品的方式实现。过量使用化肥农药会造成土壤性状恶化，粮食品质下降、环境污染。以土壤性状恶化为例，大量施用单一的化肥，易让土壤固结部分化学物质，形成各种化学盐分，从而造成土壤养分结构失调，物理性状变差，导致土壤性状恶化。

但如果通过转变粮食生产方式，由粗放经营转变为集约经营，则在追求粮食安全的同时，还能保障生态安全。比如对中低产田进行改造，低产地区只需利用现有最普通的、成熟的常规技术，就可以较大幅度地增产粮食。实际上，发达国家在粮食生产过剩的条件下，农业科研的重点早已不是"追求增产"的技术，而是转向环境的保护和质量的提高上。他们鼓励的是减少农业物质投入、控制肥料和农药的使用、推广免耕法等。

2. 生态安全对粮食安全的作用机理

生态环境事关粮食的产量和质量，是影响粮食安全的关键因素之一，良好的生态环境是粮食生产的重要基础、必要条件。农业的自然特性，意味着农业所处的环境，必然影响不同品种的相生相克、相辅相成的植物所依赖的生存环境、可汲取的生长养分、可能的生命周期和大概的产出水平。

生态环境的日趋恶化，降低了粮食生产的生态承载力；生态环境的脆弱性，加剧了粮食生产的波动性；尤其是日益恶化的生态环境会给粮食主产区稳定的生产能力带来负面影响，危及粮食的数量安全，从而引发经济波动。

而生态环境的改善则能促进粮食综合生产能力的提高。从短期来看，生态建设如退耕还林、还草、还湿和还湖等对粮食播种面积有一定的不利影响，但从长远来看，对保障粮食安全是有利的。林业是生态建设的主体，具有保持水土、涵养水源、增加湿度、防风固沙的作用，减少了自然灾害发生的频率，保证了粮食产量的稳步增长。另外，科学施肥和使用农药，提高了化肥农药使用效率，提高了耕地质量，减少了环境污染，有利于生产高质量粮食产品，确保了粮食的质量安全。

3. 粮食安全和生态安全协同发展作用机理

通过以上两个部分的分析可以看到，粮食安全和生态安全协同发展的作用点在于耕地、水资源、植被、生物多样性四个方面。粮食生产通过播种面积和单产作用于生态环境的四个方面，而耕地、水资源、植被、生物多样性四个方面的改善反作用于粮食播种面积和单产水平。在这一过程中，选择环境友好型的粮食生产方式是粮食安全和生态安全协同发展的关键。

环境友好型的粮食生产方式是指从过去拼资源、拼消耗的发展方式，转变为依靠科技创新提升科技装备水平和劳动者素质的生产方式。从而解决资源消耗、环境污染、水土流失、土壤质量下降等问题对粮食生产造成的约束，不断提高资源节约和利用效率。第一，通过耕地休耕和免耕，建设高标准农田，让过累的耕地休养生息，提高土壤的质量，改善耕地生态环境。第二，加快推进节水供水重大水利工程建设，不断完善农田水利设施，提高水资源利用效率。第三，投资农业研究与创新，减少化学药物肥料的使用，逐步实现农药、肥料的有机替代。第四，粮食生产过程中用到的农业机械使用绿色清洁能源，例如选择质量好、价格适中、技术性能优越的新能源谷物烘干机械对粮食进行烘干。第五，开展节粮减损行动，减少生产、流通、加工、存储、消费环节粮食的损耗浪费，为进一步保障国家粮食安全开辟重要途径。开展节粮减损不仅可以节地节水、节肥节药，还能保护生态、减排降碳，实现绿色发展、可持续发展。

根据协同理论及有关研究成果，本文构建了粮食安全和生态安全协同发展作业机理图（图1），为更深入地分析二者的协同发展路径提供理论支持。

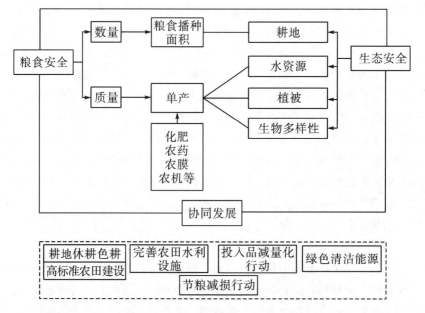

图 1　粮食安全和生态安全协同发展作用机理

四、成渝地区双城经济圈粮食安全和生态安全发展现状

成渝地区双城经济圈，位于长江上游，地处中国西南四川盆地，东邻湘鄂、西通青藏、南连云贵、北接陕甘，以成都、重庆为中心，涵盖四川 15 个市和重庆 29 个区县，总面积 20.85 万平方千米。成渝地区双城经济圈是我国西部地区发展水平最高、发展潜力较大的区域，是实施"长江经济带"和"一带一路"倡议的重要组成部分，社会经济水平发展略低于中国东部 3 个城市群，生态水平较高。

（一）成渝地区粮食生产现状

1. 粮食综合生产能力不断提升

四川省和重庆市人均耕地面积均小于全国平均水平①，但这并没有影响两地区粮食综合生产能力的提升。改革开放以来，四川省和重庆市粮食综合生产能力不断提升，粮食产量不断提高。四川省作为西部地区唯一一个粮食主产省，常年粮食产量在 3 500 万吨左右。2020 年四川省粮食产量为 3 527.4 万吨，

---

① 注：2017 年全国人均耕地面积为 1.46 亩（1 亩 ≈ 666.67 平方米，后同），而四川省人均耕地面积为 1.22 亩，重庆市人均耕地面积为 1.16 亩。数据来源于《中国环境统计年鉴 2018》，最新的耕地面积数据目前更新到 2017 年。

时隔 20 年后首次突破 3 500 万吨大关，比 1978 年增长了 48.10%。2020 年，四川粮食产量在全国排第 9 位，在西南地区高居第一。重庆市作为传统的粮食产销平衡区，2020 年粮食产量为 1 057.60 万吨，比 1997 年减少了 8.7%[①]。

改革开放以来，由于退耕还林、种植结构调整，以及近年来农业供给侧结构性改革等因素的影响，四川省和重庆市粮食播种面积呈减少态势，因此成渝地区粮食产量增长的主要影响因素在于粮食单产水平的持续提高。2020 年四川省粮食每公顷产量为 5.59 吨/公顷，比 1978 年增长了 74.57%；2020 年重庆市粮食每公顷产量为 5.40 吨/公顷，比 1997 年增长了 31.33%。

另外，四川省和重庆市不仅粮食产量不断提高，人均粮食占有量也有显著增长。2020 年四川省粮食人均占有量为 422 千克，重庆市粮食人均占有量为 338 千克，均低于全国平均水平 474 千克。

分品种来看，四川省粮食生产主要以稻谷、玉米和小麦为主，大豆种植比重较小。2020 年四川省稻谷产量为 1 475.3 万吨，占粮食产量的比重为 41.82%；玉米产量为 1 065 万吨，占粮食产量的比重为 30.19%；小麦产量为 246.7 万吨，占粮食产量的比重为 7%；大豆产量为 101.3 万吨，占粮食产量的比重为 2.87%，略高于 2020 年所占比重。重庆市粮食生产主要以稻谷和玉米为主，大豆和小麦的占比较小。2020 年重庆市稻谷产量为 489.2 万吨，占粮食产量的比重为 45.24%；玉米产量为 251.1 万吨，占粮食产量的比重为 23.22%；小麦产量为 6.1 万吨，占粮食产量的比重为 0.56%；大豆产量为 20.2 万吨，占粮食产量的比重为 1.87%。

2. 粮食综合生产能力有待进一步提高

第一，粮食产量增长速度低于全国平均水平。2020 年全国粮食产量比 2019 年增加 564.9 万吨，增长了 0.85%；2020 年四川省粮食产量比 2019 年增加 28.9 万吨，增长了 0.83%，低于全国平均增长速度；而 2020 年重庆市粮食产量比 2019 年增加了 6.25 万吨，增长了 0.58%，低于全国平均增长速度。

第二，粮食单产水平低于全国平均水平。2020 年全国粮食单产为 5.73 吨/公顷，而四川省和重庆市粮食单产均小于全国平均水平，分别为 5.59 吨/公顷和 5.40 吨/公顷。分品种来看，四川省和重庆市的稻谷、大豆单产水平均高于全国平均水平，而小麦、玉米单产水平则均低于全国平均水平。

第三，粮食人均占有量低于全国平均水平。2020 年四川省粮食人均占有

---

① 为了分析数据有可比较性，重庆相关数据的比较以重庆直辖市成立的 1997 年为起始年份。

量为 422 千克，在全国 31 个省份中排名第 16 位；2020 年重庆市粮食人均占有量为 338 千克，排名第 19 位；而 2020 年全国粮食人均占有量为 474 千克，高于四川省和重庆市相应水平。分品种来看，2020 年四川省和重庆市只有人均稻谷占有量高于全国平均水平，而人均小麦、玉米和大豆占有量均低于全国平均水平。

（二）成渝地区双城经济圈化学投入品减量化现状

1. 化肥减量增效显著

四川省化肥施用量（折纯量）和施用强度①连续 8 年实现负增长。通过推广测土配方施肥、增施有机肥料、深耕深施、水肥一体化等技术，2012—2020 年，化肥施用量（折纯量）从 253.00 万吨减少到 210.80 万吨，减少了 16.68%；化肥施用强度从 261.99 千克/公顷减少到 214.01 千克/公顷，减少了 18.31%。

重庆市深入推进化肥减量使用，全市化肥使用量逐年下降，2016—2019 年化肥使用量平均年降幅 1.7%，2020 年全市水稻、玉米等粮食作物化肥利用率达到 40.3%。

2. 农药减量成绩突出

四川省农药使用量和使用强度连续 8 年实现负增长。2010—2019 年，农药使用量从 6.2 万吨减少到 4.63 万吨，累计减少 1.57 万吨，减幅 25.34%；农药使用强度从 6.25 千克/公顷减少到 4.79 千克/公顷，减少 25.34%。通过大力推广绿色防控和统防统治，2017 年全省主要农作物绿色防控技术覆盖率达到 27%，主要农作物专业化统防统治覆盖率达到 37%。

重庆市农药使用量持续下降，2016—2019 年农药使用量平均年降幅 2.3%。2020 年，主要农作物农药利用率达到 40.6%，主要粮食作物病虫害专业化统防统治覆盖率达到 40.87%，主要农作物病虫害绿色防控覆盖率达到 42.81%。

3. 废弃农膜回收利用水平显著提高

四川省农膜使用量和使用强度在连续十多年增长后从 2017 年起不断减少。2017 年农膜使用量为 13.10 万吨，比 2016 年减少 0.14 万吨，减少 1.05%；农膜使用强度为 13.56 千克/公顷，比 2016 年减少 0.14 千克/公顷，减少 1.05%。到 2019 年，农膜使用量和使用强度减少到 12.32 万吨和 12.76 千克/公顷。

---

① 化肥、农药和农膜使用强度有按耕地面积计算的使用强度和按农作物播种面积计算的使用强度。在农业生产过程中，由于存在复种问题，用耕地面积计算的结果难以准确反映使用强度，本研究对化肥、农药和农膜使用强度采用按农作物播种面积计算的结果。

重庆市不断健全废弃农膜回收利用网络体系。印发了《重庆市废弃农膜回收利用管理办法（试行）》，16个区县出台了管理办法。开发了全市废弃农膜回收利用大数据综合管理平台。目前全市建成区县农膜贮运中心39个，场镇回收网站（点）1 140个，村级（社区）回收网点1 687个，实现了回收网点覆盖全市所有涉农乡镇，主城中心区村级回收网点覆盖85%的涉农行政村，分拣贮运中心覆盖所有区县。到2020年，农膜回收率达到87.67%。

五、成渝地区双城经济圈粮食安全与生态安全协同发展存在的问题及政策建议

（一）存在的问题

1. 耕地资源压力

从数量来看，成渝地区双城经济圈耕地面积有限，人均耕地少，耕地后备资源匮乏。2020年四川省人均耕地面积为0.94亩，重庆市人均耕地面积为0.87亩，远低于全国平均水平1.36亩，耕地紧缺的形势极其严峻。重庆处于长江上游生态敏感区，以山地和丘陵为主，人均耕地面积不足，人多地少。成都平原耕地面积大于重庆市，但是随着城镇化、工业化水平的不断提高，城市园林绿化需求旺盛，成都平原耕地面积不断减少。2021年公布的第三次国土调查数据显示，成都平原耕地面积比第二次国土调查数据减少了40%。

从质量来看，成渝地区耕地质量不高，中低产田土比例高。四川省的耕地主要是成土幼年的紫色土、灰色冲积土和地带性土及老冲积黄壤等发育形成的，坡耕地和中低产田土比例大，均占耕地总量的2/3左右。从第三次国土调查数据来看，重庆市大部分耕地为坡地，坡地占比达到61.17%，耕地破碎且地块分散，耕地质量等级总体上情况不是很好。

2. 水资源压力

成渝地区拥有丰富的水资源，但是水资源利用效率较低。2020年全国人均水资源量为2 239.8立方米，但是重庆、四川人均水资源量高于全国平均水平，分别为2 397.7立方米和3 871.9立方米。2020年，全国耕地实际灌溉亩均用水量356立方米，农田灌溉水有效利用系数0.565；四川省耕地实际灌溉亩均用水量359立方米，农田灌溉水有效利用系数0.484；重庆市农田灌溉亩均用水量319立方米，农田灌溉水有效利用系数0.503 7。由此可见，四川省和重庆市农田灌溉有效利用系数均低于全国平均水平。

3. 化学投入品减量的基础还不牢

部分地方仍存在农药、化肥不合理施用现象。农膜及农药包装废弃物回收利

用率有待提升，可降解农膜应用不广泛。四川省和重庆市各市州化肥施用量的增减水平存在一定差异，地区发展不平衡。2020 年四川省化肥施用量在 210 万吨左右，化肥施用强度降低到 214.01 千克/公顷，低于国际公认的 225 千克/公顷化肥施用安全上限，但是仍然远高于世界平均水平。由于施用方式落后，化肥和农药当季利用率较低，2020 年，全国水稻、小麦、玉米三大粮食作物化肥利用率为 40.2%，农药利用率为 40.6%，远低于发达国家平均水平①。

（二）政策建议

运用粮食安全和生态安全协同发展作用机理，针对成渝地区双城经济圈粮食安全和生态安全协同发展存在的具体问题，本文提出以下政策建议，以促成成渝地区双城经济圈粮食安全和生态安全双重目标的实现。

1. 建立满足粮食安全和生态安全双重目标的耕地保护制度

统筹兼顾成渝地区双城经济圈粮食安全与生态安全，建立耕地保护制度。由于成渝地区人多地少，采用休耕的耕地保护制度不具有实用性，因此，选择轮作和高标准农田建设的方式是促进粮食安全和生态安全协同发展的重要举措。一方面实行玉米与大豆轮作，改善土壤理化性状，提高耕地地力水平，实现用地养地相结合。另一方面继续开展高标准农田建设工作，2011 年以来，川渝地区累计建成高标准农田 6 519 万亩，占耕地面积比重达 47.7%以上。建成后的高标准农田亩均粮食产能增加 10%~20%，节水、节电、节肥、节药效果明显，对生态环境的改善具有重要作用。

另外，采取"长牙齿"的硬措施，落实最严格的耕地保护制度，着力加强耕地数量、质量、生态"三位一体"保护，强化耕地用途管制，坚决遏制耕地"非农化"，严格管控"非粮化"，坚决守住耕地保护红线，维护国家粮食安全。

2. 树立节约用水意识，提高水资源利用率

成渝地区双城经济圈拥有丰富的水资源，但是仍然要树立节约用水的意识，始终把节约水资源放在首位，提高用水效率，即用更少的水生产更多的粮食。用科技措施促进农业水资源的合理利用。通过大力推广和有效实施农业高效用水技术，提高农业水利用率和水分生产率。

一方面是通过各种工程手段，加强水利基础设施建设，比如渠道防渗、管道输水灌溉以及喷灌、滴灌、微灌、地下渗灌等工程节水技术的推广应用，切

---

① 目前，美国粮食作物氮肥利用率大体在 50%，欧洲粮食作物氮肥利用率大体在 65%；欧美发达国家小麦、玉米等粮食作物的农药利用率在 50%至 60%。

实有效地提高水资源控制能力和利用效率，达到高效节水的目的。另一方面是通过制定各种农业节水灌溉措施以及农田灌溉管理技术等农艺节水措施，从而有效提高田间水利用效率。三是积极发挥信息技术在高效用水农业中的作用。在信息时代的大背景下，信息技术在农业上的应用已经成为现代农业不可缺少的一部分，尤其是"3S"技术的推广应用可以有效提高水的利用效益，发展高效用水农业。

3. 继续实施农药化肥减量化行动

一方面，成渝地区双城经济圈继续积极推进化肥减量化行动，一是深化测土配方施肥工作，继续开展农户施肥调查，规范取土化验和植株测试，指导做好田间试验。二是促进施肥方式转变，推广适期施肥技术，实行因地、因苗、因水、因时分期施肥技术；推广水肥一体化技术，示范推广滴灌施肥、微喷灌施肥等技术；探索实行机械施肥，因地制宜推进化肥机械深施、机械追肥、种肥同播等技术。三是探索肥料包装废弃物回收处理，积极主动摸清现状，广泛宣传，大力推动回收处理工作的开展。

另一方面，积极推进农药减量化行动，做好病虫害监测预警，大力推广农药减量增效、绿色防控技术，推进专业化统防统治，推进农药包装废弃物回收体系建设。

4. 开展节粮减损行动

成渝地区双城经济圈开展节粮减损行动，重点强化全链条、行动感和科技创新三个方面的创新性措施。瞄准粮食生产、储存、运输、加工、消费等各环节，综合施策配套衔接。在生产环节，一方面要推进农业节约用种，集成推广水稻工厂化集中育秧、玉米单粒精播、小麦精量半精量播种等关键技术；另一方面要推进粮食精细收获，减少田间地头收获损耗。在储存环节，改善粮食产后烘干条件，将粮食烘干成套设施装备纳入农机新产品补贴试点范围，并支持引导农户科学储粮，加强农户科学储粮技术培训和服务，鼓励开展绿色仓储提升行动和绿色储粮标准化试点。在加工环节，制定修订口粮、食用油加工标准，提升粮食加工行业数字化管理水平，提高转化率等。

主要参考文献

［1］翟虎渠. 关于中国粮食安全战略的思考［J］. 农业经济问题，2011（9）：4.

［2］翟虎渠. 坚持依靠政策、科技与投入确保我国粮食安全［J］. 农业经济问题，2004（1）：24-26.

［3］冯永忠，杨改河，丁瑞霞.农作制度对江河源区域生态环境演变的作用机理［J］.中国农学通报，2005（6）：367-370.

［4］付国珍，摆万奇.耕地质量评价研究进展及发展趋势［J］.资源科学，2015，37（2）：226-236.

［5］胡岳岷，刘元胜.中国粮食安全：价值维度与战略选择［J］.经济学家，2013（5）：7.

［6］贾绍凤.能源基地真会喝干黄河水吗［J］.中国经济报告，2014（11）：116-117.

［7］黎东升，曾靖.经济新常态下我国粮食安全面临的挑战［J］.农业经济问题，2015（5）：6.

［8］李腾飞，亓霞.“十三五”时期我国粮食安全的重新审视与体系建构［J］.农业现代化研究，2016，37（4）：6.

［9］李雪，吕新业.现阶段中国粮食安全形势的判断：数量和质量并重［J］.农业经济问题，2021（11）：31-44.

［10］倪国华，郑风田.粮食安全背景下的生态安全与食品安全［J］.中国农村观察，2012（4）：8.

［11］聂英.中国粮食安全的耕地贡献分析［J］.经济学家，2015（1）：11.

［12］渠俊峰，李钢，高小英.我国耕地资源安全存在问题分析及战略选择［J］.农业环境与发展，2007（1）：14-16+26.

［13］王国敏，张宁.中国粮食安全三层次的逻辑递进研究［J］.农村经济，2015（4）：6.

［14］王珂，李玲，黎鹏.基于生态安全和粮食安全的高标准农田建设研究［J］.生态与农村环境学报，2021，37（6）：706-713.

［15］王毅.协同理论下特色小镇的建设与思考［J］.城市管理与科技，2017，19（6）：41-43.

［16］吴国庆.区域农业可持续发展的生态安全及其评价探析［J］.生态经济，2001（8）：22-25.

［17］肖笃宁，陈文波，郭福良.论生态安全的基本概念和研究内容［J］.应用生态学报，2002，13（3）：5.

［18］肖国安.中国粮食安全研究［M］.北京：中国经济出版社，2005.

［19］熊丽英，史月兰.中国粮食安全的系统思考［J］.学术论坛，1999（6）：4.

［20］徐光耀，戴天放，麻福芳，等.农产品质量和农业生态安全相关性研究综述［J］.中国农业文摘：农业工程，2017（5）：4.

［21］徐菀浚.吉林省农业可持续安全策略研究［D］.长春：吉林大学，2016.

［22］叶兴庆.深入推进农业供给侧结构性改革［N］.经济日报，2016-12-15（14）.

［23］岩流.《全国生态环境保护纲要》环境理论上的重大突破和创新［J］.中国环境管理（吉林），2002（2）：5.

［24］章家恩，骆世明.农业生态安全及其生态管理对策探讨［J］.生态学杂志，2004，23（6）：4.

［25］BARETT C. Food security and food assistance programs ［J］. In Garder, B. L., Rausser, G. C eds. Handbook for Agricultureal Economics, Elsevier Science, Amsterdam, 1999, 2：125-178.

［26］CAO, SHIXIONG, ZHANG, et al. Net value of farmland ecosystem services in China ［J］. Land Degradation & Development, 2018, 29：2291-2298.

［27］DAMERAU K, WAHA K, HERRERO M. The impact of nutrient-rich food choices on agricultural water-use efficiency ［J］. Nature Sustainability, 2019, 2：233-241.

［28］Haken H. Synergetics：An introduction：Nonequilibrium phase transitions and self-organization in physics, chemistry, and biology ［J］. Zeitschrift Für Allgemeine Mikrobiologie, 1978, 20（9）：600-600.

［29］HE C, LIU Z, MIN X, et al. Urban expansion brought stress to food security in China：Evidence from decreased cropland net primary productivity ［J］. Science of the Total Environment, 2017, 576（JAN. 15）：660-670.

［30］LIU X, XU Y, ENGEL B A, et al. The impact of urbanization and aging on food security in developing countries：The view from Northwest China ［J］. Journal of Cleaner Production, 2021, 292（8）：126067.

［31］MAXWELL S, FRANKENBERGER T. Household food security：Conceptis, indicators, measurements：A technical review ［M］. UNICEF, 1992.

基于营养标准的四川省农村居民
健康膳食的经济可负担性研究

李忆雯

西南财经大学中国西部经济研究院　四川成都　611130

【摘要】本文将四川省农村居民膳食结构分别与城镇居民膳食结构和《中国居民膳食指南（2016）》进行对比，发现四川省农村居民膳食消费量总体上较好，但其膳食结构不合理，粮食消费量占总消费量的比例过大，蔬菜和鲜瓜果比例逐年减少。农村居民对于膳食结构的调整与反应较弱，且每种食物随收入变化的影响程度不一致。但还需要考虑到的是该食物本身的价格与市场提供量对农村居民食物选择的干预。本文将经济可负担性定义为膳食成本与农村居民家庭纯收入之比进行测算，探讨收入能否真正负担健康的膳食。分析表明，四川省农村居民的经济可负担性达到了指南推荐的区间范围，但与联合国粮农组织推荐的国际标准相差较多，通过时间序列 ARIMA 模型预测，2023 年四川省农村居民的家庭纯收入可以完全覆盖膳食成本。根据以上研究结论，本文提出了改善农村居民膳食结构，推进粮食体系转型，开展全方位营养健康教育，持续优化农产品供销渠道，完善农村社会保障等方面的政策建议。

【关键词】农村居民；健康膳食；经济可负担性；ARIMA 模型

一、研究背景

在粮食数量安全有保障的条件下，对粮食与营养安全的研究已逐步转向家庭和个人层面的营养安全，居民追求的目标及关注的重点已经转变为健康的膳食结构。城乡居民收入的不断增加使得在城乡差距逐渐缩小的同时，膳食结构与膳食理念也发生了巨大变化，食品摄入思想由"吃得饱"向"吃得好"和"吃得营养健康"转变，而这也是为《"健康中国 2030"规划纲要》中指出的全面建成小康社会、基本实现社会主义现代化的重要基础——推进健康中国建设所做的努力。

乡村振兴战略能够顺利推进离不开农村居民对其膳食结构的优化与合理化。2018年6月，党中央、国务院印发的《乡村振兴战略规划（2018—2022年）》明确指出，坚持农民主体地位。作为乡村振兴战略的主要推动人，农村居民的营养健康是其发挥作用的重要保障，膳食消费结构与质量又直接影响着农村居民的营养健康，因此农村居民的膳食状况对乡村振兴战略的实施至关重要。

联合国粮农组织（FAO）发布的《2021年世界粮食安全和营养状况》研究显示，突如其来的新冠肺炎疫情使得2020年重度粮食不安全的人口迅速增加，设定的2030年实现零饥饿目标道阻且长。全球已有9.28亿人粮食重度不安全，在连续五年维持不变之后，食品不足发生率在短短一年中上涨了1.5个百分点，粮食安全依然面临严峻的挑战。而对我国城乡居民来说，营养结构失衡与营养过剩的情况并存。因为当人们向"吃得好"转变时，过度消费导致了不健康的西化膳食模式，使得超重和肥胖的人数逐渐增加。根据《中国居民营养与慢性病状况报告（2020年）》（国家卫健委，2020）与《中国居民膳食指南（2021）》报告，不平衡不合理的膳食结构不仅会使居民与膳食相关慢性疾病的患病率、超重肥胖率上升，而且更是造成疾病并导致死亡的主要原因。

因此种种现象与结论显示，无论是农村居民还是城市居民都需要为了能够维持健康的生活和预防与饮食相关的慢性疾病而建立一个合理的并且能够长期遵循的平衡的饮食模式与膳食结构，尽量规避各种因素导致的死亡风险。特别是要持续探究农村居民健康膳食消费的规律，不断增加农村居民家庭纯收入，引导其持续长期学习健康膳食营养知识，建立适合农村居民膳食消费习惯的结构。这不仅有利于农村居民的身体健康，增加人均寿命，而且可以推动农村产业发展营养导向型农业，助力健康中国建设与乡村振兴战略的顺利实施。

二、四川省农村居民膳食结构变化趋势

（一）2000—2019年四川省农村居民膳食变化趋势

本文根据《中国居民膳食指南（2016）》（以下简称《指南》）提到的膳食结构组成，借助2000—2019年《四川统计年鉴》的数据对四川省农村居民膳食结构的变化进行了研究。

1. 谷类与杂豆变化趋势

由于2014年之后《四川统计年鉴》的统计方法发生了变化，增加了谷物与杂豆的农村居民消费量统计数据，因此本文仅统计了2014—2019年四川省农村居民谷类和杂豆的消费变化，如图 1 所示。

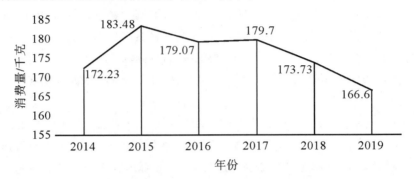

图 1　2014—2019 年四川省农村居民谷类与杂豆消费变化趋势
资料来源：《四川统计年鉴》。

从近五年消费量的变化可以看出，四川省农村居民谷物与杂豆的消费量呈显著下降趋势且 2017—2019 年下降速度较快，2017—2019 年谷物与杂豆的消费量下降了 7.86%。

2. 薯类变化趋势

2014 年之后《四川统计年鉴》的统计方法发生了变化，将粮食消费量数据进行统计细化，增加了薯类的农村居民消费量统计数据，因此本文统计了 2014—2019 年四川省农村居民薯类的消费变化情况，如图 2 所示。

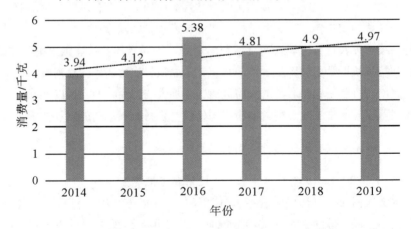

图 2　2014—2019 年四川省农村居民薯类消费变化趋势
资料来源：《四川统计年鉴》。

如图 2 所示，2014—2019 年薯类消费量变化趋势基本稳定，2019 年薯类消费量 4.97 千克与 2014 年消费量 3.94 千克之间只相差 1.03 千克，年增长率先上升后下降。

3. 蔬菜变化趋势

根据《四川统计年鉴》2000—2019 年四川省农村居民蔬菜类消费量数据绘制蔬菜类消费变化趋势折线图，如图 3 所示。

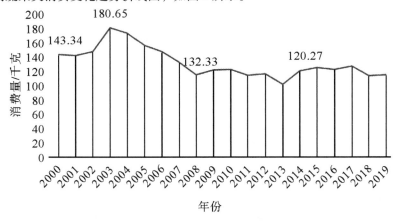

图 3　2000—2019 年四川省农村居民蔬菜类消费变化趋势

资料来源：《四川统计年鉴》。

通过 2000—2019 年蔬菜类消费量变化趋势可以看出，四川省农村居民对蔬菜类的消费量在不断下降，尤其是在 2003—2008 年，下降速度较快，2008 年之后消费量基本上呈现平稳状态，维持在 120 千克上下。

4. 鲜瓜果变化趋势

根据《四川统计年鉴》2014—2019 年四川省农村居民鲜瓜果类消费量数据绘制鲜瓜果类消费变化趋势图，如图 4 所示。

2014—2019 年四川省农村居民对鲜瓜果的消费量虽在 2018 年轻微下降，但总体呈稳定上升的趋势，从 2014 年的 19.74 千克上升至 2019 年的 31.14 千克，增量为 11.4 千克。

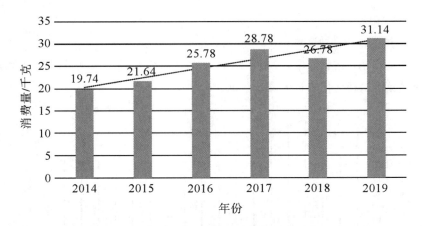

图4　2014—2019年四川省农村居民鲜瓜果消费变化趋势

资料来源：《四川统计年鉴》。

5. 禽肉变化趋势

根据《四川统计年鉴》2000—2019年四川省农村居民禽肉类消费量数据绘制禽肉类消费变化折线图，如图5所示。

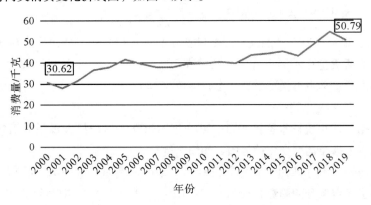

图5　2000—2019年四川省农村居民禽肉类消费变化趋势

资料来源：《四川统计年鉴》。

2000—2019年，随着四川省农村居民收入不断上升，禽肉类消费也呈逐渐上升的趋势，2000年消费量为30.62千克，2019年消费量为50.79千克，总增长率约为65%。

6. 蛋类变化趋势

根据四川省农村居民2000—2019年蛋类消费量绘制趋势图，如图6所示。

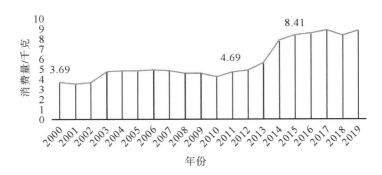

图6　2000—2019年四川省农村居民蛋类消费变化趋势

资料来源：《四川统计年鉴》。

2000—2019年四川省农村居民蛋类的消费量呈快速上升的趋势，2000—2013年蛋类消费量稳定在4千克左右，但在2013—2014年消费量从5.63千克快速增长至7.87千克，2015年之后消费量基本稳定在8千克左右。

7. 奶及奶制品变化趋势

根据四川省农村居民2014—2019年奶及奶制品消费量绘制柱形图，如图7所示。

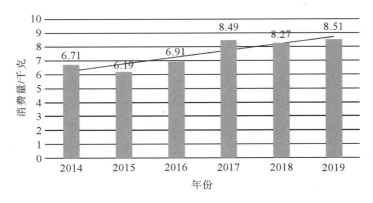

图7　2014—2019年四川省农村居民奶及奶制品消费变化趋势

资料来源：《四川统计年鉴》。

2014—2019年奶及奶制品的消费量显著上升，2014—2016年稳定在6.5千克左右，在2017年快速上升后的两年，维持在8.5千克左右，增长速度先上升后下降。

8. 水产品变化趋势

根据四川省农村居民 2000—2019 年四川省农村居民水产品消费量绘制折线趋势图，如图 8 所示。

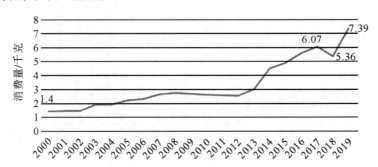

图 8 2000—2019 年四川省农村居民水产品消费变化趋势

资料来源：《四川统计年鉴》。

通过图 8 可以看出，20 年来四川省农村居民对于水产品的消费量呈明显上升的趋势，虽在 2017—2018 年短暂地从 6.07 千克下降至 5.36 千克，但总体来说从 2000 年的 1.4 千克快速增长至 2019 年 7.39 千克。

（二）四川省农村居民膳食结构与城镇居民膳食结构的对比

在对四川省农村居民各食物类别的变化趋势有所了解的基础上，需要进一步对其膳食结构变化及特征进行分析。于是本文按食物基本属性将四川省农村居民的膳食分为三大类，即粮食类、植物性食物与动物性食物，并与城镇居民的膳食结构进行了对比，从而能更好地对两类人群的整体膳食结构进行评价。谷物与杂豆和薯类分为粮食类，蔬菜与鲜瓜果类分为植物性食物，禽肉、蛋类、奶及奶制品和水产品分为动物性食物，观察农村居民与城镇居民膳食结构的差异，并对四川省农村居民膳食结构进行初步评价。由于统计方法的改变，城镇居民各膳食类别的消费量在 2014 年之后才收录于《四川统计年鉴》，于是仅比较 2014—2019 年四川省农村居民与城镇居民的膳食结构，见图 9。

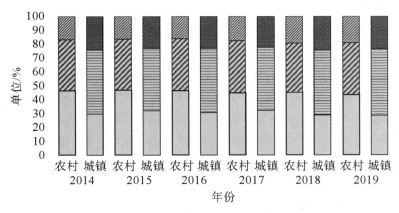

图9 2014—2019年四川省农村居民与城镇居民膳食结构对比

资料来源：根据《四川统计年鉴》整理。

　　由各食物消费量在膳食消费总量中所占比重的变化可知四川省城乡居民在膳食消费结构方面的不同。在城乡居民膳食消费中，近5年的粮食消费占比变化不大。城镇居民占比在2014—2019年仅下降1个百分点，根据恩格尔定律，当收入增加时，城乡居民对于食物的消费支出会下降，农村居民的粮食消费量占比近5年也仅下降了2个百分点。

　　虽然植物性食物的消费量占城乡居民的总消费量比重都不高，但其消费比重变化是不同的。根据每年农村居民的消费量数据可以看出，在蔬菜类消费量显著下降的同时，鲜瓜果等植物性食物的消费增长相对较为缓慢，使得农村居民植物性食物消费比重几乎不变，占总消费量的比例维持在37%左右；即使根据恩格尔定律知道城镇居民对于食物消费的支出会下降，但其对于鲜瓜果等其他植物性食物的消费量增长幅度快于蔬菜类下降的幅度，于是增加的消费量抵消了减少量使得植物性食物的比中稳中有升。

　　针对动物性食物消费比重进行比较后可以发现，对城乡居民来说这部分消费一直都占有较大分量。城镇居民对动物性食物的消费近5年几乎不变，维持在25%左右，但都普遍高于农村居民5个百分点。农村居民将下降的植物性消费支出部分增加到了动物性食物的消费支出上，使其消费比重由2014年的17%稳步增加到2019年的19%，消费量同样从2014年的63.36千克增加到2019年的75.53千克，增加了12.17千克。

　　根据上述分析可知，城乡居民对粮食、动物性食物和植物性食物的消费存在差异，也就是整体膳食消费结构模式是不一样的，按照膳食指南的推荐量来初步衡量的话，城镇居民的膳食消费结构与农村居民的相比相对更平衡，无论是在粮食消费量还是动物性食物消费量方面。而造成这个膳食结构的原因有很多，比如劳动性质本身的不同、收入差距较大导致的购买力差距、各种食品可得性不一致等。因此可以推断，如果膳食消费量与消费结构的变化与改进的方向相同的话，则农村居民将来一段时间内的膳食结构就会与城镇居民目前的膳食消费结构相似，那么基于之前对城镇居民膳食结构的评价，能够初步认为四川省农村居民的食品消费结构趋于均衡变化，膳食结构在向更合理、健康的方向发展，结构调整也将更加迅速。

（三）四川省农村居民膳食结构与中国居民膳食指南（2016）的对比

根据我国具体情况、居民膳食习惯与膳食观念，《指南》提出了居民膳食宝塔，本文根据《指南》的分类与要求将四川省农村居民的膳食结构与标准进行了对比，判断了膳食结构与推荐结构之间的差距，并对四川省农村居民膳食结构进行了二次评价。

按一年365天计算，将《指南》中每人每天各膳食结构的消费量简单换算为每人每年的消费量，再与四川省农村居民2015—2019年各个食物消费量进行对比，进一步判断四川省农村居民膳食结构情况。经计算后得知：谷物和杂豆的消费量为18.25~54.75千克；薯类的消费量为18.25~36.5千克；蔬菜类的消费量为109.5~182.50千克；鲜瓜果的消费量为73~127.75千克；禽肉类的消费量为14.60~27.38千克；奶及奶制品的消费量为109.5千克；蛋类的消费量为14.6~18.25千克；水产品的消费量为14.6~27.38千克。把近5年每年的四川省农村居民膳食结构与指南进行对比后可以发现（见表1），超标、不足与符合的食物种类一模一样，超标的有谷物与杂豆、禽肉类，不足的有薯类、鲜瓜果、蛋类、奶及奶制品和水产品，符合达标的只有蔬菜类。以2019年为例，四川省农村居民的大量消费还是在谷物与杂豆上，远远超过了《指南》所建议的18.25~54.75千克，达到了166.6千克，禽肉类消费量50.79千克也超过了《指南》推荐的最大值27.38千克。唯一符合《指南》推荐标准的是蔬菜类的消费量，但近5年也呈逐年持续下降的趋势。在不足消费量的膳食结构中，所有种类的消费量都未达到《指南》推荐标准最小值的一半，其中奶及奶制品的相差最多，达到了99.49千克。

表 1 2015—2019 年四川省农村居民膳食消费量与中国居民膳食指南对比

单位：千克

膳食类别	最小量	最大量	2019 年	对比	2018 年	对比	2017 年	对比	2016 年	对比	2015 年	对比
谷物与杂豆	18.25	54.75	166.60	超标	173.73	超标	179.70	超标	179.07	超标	183.48	超标
薯类	18.25	36.50	4.97	不足	4.90	不足	4.81	不足	5.38	不足	4.12	不足
蔬菜类	109.50	182.50	115.18	符合	113.48	符合	126.84	符合	122.65	符合	125.00	符合
鲜瓜果	73.00	127.75	31.14	不足	26.78	不足	28.78	不足	25.78	不足	21.64	不足
禽肉类	14.60	27.38	50.79	超标	54.70	超标	49.01	超标	43.22	超标	45.36	超标
蛋类	14.60	18.25	8.84	不足	8.36	不足	8.87	不足	8.58	不足	8.41	不足
奶及奶制品	109.50	109.50	8.51	不足	8.27	不足	8.49	不足	6.91	不足	6.19	不足
水产品	14.60	27.38	7.39	不足	5.36	不足	6.07	不足	5.58	不足	4.91	不足
总消费量	372.30	584.00	393.42	—	395.58	—	412.57	—	397.17	—	399.11	—

资料来源：根据《四川统计年鉴》和《中国居民膳食指南（2016）》的数据整理。

虽然《指南》的推荐量是以普通正常成年人为标准进行量化的，未考虑城乡之间的种种差异与不同，但可看出，四川省农村居民 2015—2019 年膳食消费总量均在《指南》推荐量范围内，也就是说在总量上是达到了指南推荐的膳食结构量的，只是仍存在以下问题：第一，膳食结构非常不合理。其中薯类、鲜瓜果、蛋类、奶及奶制品和水产品的消费量远远不够，大量消费集中且稳定在粮食消费量上，2019 年谷物与杂豆的消费量占总消费量的 42.35%，而《指南》推荐的谷物与杂豆的最大消费量仅占总消费量的 9.38%，相差 32 个百分点，粮食消费量在两种膳食结构中所占的比例差距较大。第二，四川省农村居民目前对于膳食结构调整的反应速度较缓慢。在膳食结构不合理的基础之上，虽与《指南》推荐量之间的差距在不断缩小，但进度缓慢，对膳食结构进行优化与调整的能力不够，不足的食物种类依旧不足，超标的食物种类则仍然超标。

（四）基于收入弹性系数的四川农村居民膳食消费的变化趋势

1. 收入弹性系数的计算

四川省农村居民膳食结构的收入弹性就是农村居民对该类食物的消费量随着农村居民家庭纯收入的改变的反应程度，可以通过收入弹性系数的角度观察农村居民膳食结构的变化趋势，并且判断当收入增加时，居民对于各种消费量的选择顺序。经计算的收入弹性如表 2 所示。

表 2　2000—2019 年四川省城乡居民几种膳食收入弹性

年份	粮食		蔬菜		禽肉		蛋		水产品	
	农村	城镇	农村	城镇	农村	城镇	农村	城镇	农村	城镇
2000	-1.42		-0.22		-2.02		-0.99		0.82	
2001	0.32		0.58		2.07		0.51		-0.11	
2002	-0.75		3.96		2.91		5.17		5.64	
2003	-0.21		-0.27		0.22		0.15		0.03	
2004	0.24		-1.14		1.12		0.00		1.63	
2005	-0.71		-0.79		-0.69		0.20		0.71	
2006	-0.15		-0.56		-0.24		-0.10		0.79	
2007	-0.64		-0.81		0.02		-0.32		0.23	
2008	0.68		0.71		0.52		-0.05		-0.22	
2009	-0.54		0.05		0.03		-0.51		-0.15	

表2（续）

年份	粮食		蔬菜		禽肉		蛋		水产品	
	农村	城镇	农村	城镇	农村	城镇	农村	城镇	农村	城镇
2010	-0.29		-0.36		0.09		0.61		-0.10	
2011	-0.27		0.13		-0.13		0.27		-0.05	
2012	-0.37		-1.00		0.78		1.22		1.41	
2013	0.77		1.00		0.07		2.16		2.67	
2014	0.67	1.83	0.41	0.45	0.25	0.20	0.71	0.79	0.97	0.29
2015	-0.18	-0.60	-0.20	0.22	-0.51	0.01	0.22	-0.65	1.46	0.23
2016	0.00	1.05	0.37	0.01	1.47	-0.04	0.37	0.36	0.96	0.16
2017	-0.35	-2.07	-1.17	-0.89	1.29	0.35	-0.64	-0.54	-1.30	-0.22
2018	-0.39	0.10	0.15	0.16	-0.71	-0.50	0.57	0.92	3.77	2.89

资料来源：根据《四川统计年鉴》数据整理。2000—2013 年未公布城镇居民各类食物消费量数据，故无城镇居民的膳食收入弹性数据。

2. 基于收入弹性系数的四川省农村居民膳食结构变化趋势

通过计算农村居民主要膳食消费需求的收入弹性可以明显看出，不同食物消费对收入增长的敏感程度不同。首先就粮食消费量来说，2000 年以来农村居民需求收入弹性大多数是负值并且弹性系数的绝对值不断降低。这些规律表明当农村居民家庭纯收入不断增加时，对粮食消费需求虽然存在大体减少的趋势，但减少消费粮食的量很少且速度缓慢。动物性食品需求的收入弹性系数基本绝大部分都呈正值，说明消费需求每年在增幅不同的情况下总体在不断扩大。其中近几年弹性系数较高且幅度较大的是水产品，说明人们今后一段时间内对水产品的需求会有明显且快速的增长，水产品的消费量会持续上涨。而肉禽蛋类的弹性系数相对较小，几年来有正有负，但总体趋势可看出负值出现的次数逐年减少，表明收入增长对禽肉蛋类消费需求增长的影响越来越明显。植物性食物的收入弹性自 2000 年以来大体较为稳定，但也呈现缓慢下降的趋势。

城镇居民粮食的需求收入弹性近几年也基本为负值，也就是说，城镇居民随着人均可支配收入的增长对粮食消费不会有很大的反应，城镇居民首选消费粮食的可能性很低。禽肉类弹性系数除 2016 年、2018 年出现负数 -0.04、-0.5，蛋类弹性系数除 2015 年、2017 年出现负数 -0.65、-0.54 之外，主要表现为正值，其中禽肉类收入弹性变化幅度没有蛋类变化幅度大，说明随收入增长，人们在禽肉类与蛋类消费之间选择的蛋类消费有所增加；而水产品的弹性系数只有一年是负数，并且绝对值的增长较快，说明对于城镇居民来说，当收入出现明显上升时，会增加对水产品的消费。由于对城镇居民收入弹性进行计算的相关数据难以收集，因此我们只能看到近5年当中蔬菜消费需求的弹性系数除2017年出现负值-0.89之外，其余年份均为正值且其绝对值连年趋小，这些规律表明城镇居民对蔬菜的消费近年来不断减少，人们在逐年减少对蔬菜类食物的消费。

针对收入弹性进行分析可知，对今后一段时间的粮食消费来说，即使城乡居民收入水平持续提高，粮食消费量依旧在膳食结构中占有重要位置，是一段稳中缓降、降低但幅度不大的时期；在城镇居民对禽肉类食物消费水平稳中缓升的时候，农村居民对禽肉类例如猪肉、羊肉、牛肉等食物的消费量呈现持续增长的趋势；从蛋类收入弹性的变化可以看出，随收入的增加其消费量表现敏感，当收入增加时虽然会首先选择消费蛋类与水产品类，但城镇居民的消费增长相对农村居民的消费增长来说更缓慢；水产品整体需求一直在较快上升，城镇居民的收入弹性明显小于农村居民，增长速度也比农村居民慢，因此农村居民对水产品的需求将在未来有相对更多的增加。城乡居民蔬菜类的消费量均有较大幅度下降，并且短时间内将基本保持稳定。另外，对农村居民来说，粮食消费是第一消费顺位，当家庭可支配收入增加，粮食消费量也相应增加，因此粮食消费量占总消费量的占比依旧保持不变。但农村居民收入弹性系数基本为负值，且弹性系数绝对值呈现显著降低趋势，这就说明降低的趋势非常缓慢，甚至基本不影响其膳食结构的比例。相反，对于城镇居民来说，本身粮食消费量占其总消费量的比例就较低，随着人均可支配收入的增长，对粮食的消费量更是减少的，说明对城镇居民来说，粮食消费并不是其第一消费顺位；而对于禽肉类、蛋类与水产品类的消费而言，无论是农村居民还是城镇居民，随着收入的增加，对动物类食物的消费量均呈上升趋势，今后所占总消费量的比重会逐年增加。

三、健康膳食的经济可负担性测算

农村居民的收入是否增加对其是否可以获得充足的膳食是重要的影响因素，哪些食物对居民来说在收入增加时会有较大消费量，而哪些不会呢？但就平衡与健康的膳食来说，稳定且大量消费的食物不一定是健康的食物，消费量连年不足的食物也有可能含有丰富的营养素，因此还需要考虑到的是该食物本身的价格与市场提供量对农村居民食物选择的干预，探讨收入能否真正负担健康的膳食结构。本部分以《四川统计年鉴》《四川调查年鉴》《2021中国奶业统计资料》《全国农产品成本收益资料汇编》的数据为基础，提出了健康膳食的经济可负担性概念，以农村居民家庭收入为分母，以膳食消费支出为分子，分别以 2019 年四川省农村居民膳食结构、《指南》膳食结构以及联合国粮农组织健康膳食这三种膳食结构为标准进行了不同的经济可负担性计算，探讨其农村居民家庭可支配收入是否可负担或者可覆盖膳食成本以及以健康膳食成本为基础预测人均收入涨到多少和大概多久可负担。因此我们不单是从收入角度去看待膳食消费量而更多的是希望农村居民增长的收入能使其膳食结构向健康平衡合理的方向发展。为了对比方便，将基于四川省农村居民膳食结构的经济可负担性简化为经济可负担性 1；将基于《指南》推荐膳食消费最小量的经济可负担性简化为经济可负担性 2；基于《指南》推荐膳食消费最大量的经济可负担性简化为经济可负担性 3；将基于联合国粮农组织健康膳食标准的经济可负担性简化为经济可负担性 4。

（一）基于四川省农村居民膳食结构的经济可负担性测算

此处按照《指南》的膳食结构分类，以《四川调查年鉴》《2021 中国奶业统计资料》《全国农产品成本收益资料汇编》相关数据为基础，对 2019 年四川省农村居民的膳食结构经济可负担性进行测算。整个测算分为三步：第一步，农产品集贸市场是指进行农副产品零售交易的场所，是农民能直接接触到的购买、销售农产品最集中的场所，因此选用 2019 年农产品集贸市场价格作为四川省农村居民购买相对应食物的成本，并计算出 2019 年各食物类别的平均价格；第二步，计算四川省农村居民膳食成本，公式为四川省农村居民膳食成本＝2019 年各食物类别的平均价格×2019 年四川省农村居民各食物的消费量；第三步，计算四川省农村居民膳食结构的经济可负担性，公式为经济可负担性1＝四川省农村居民膳食成本/2019 年四川省农村居民家庭人均可支配收入，以此探究可支配收入能否支撑膳食成本。

第一步，根据《四川调查年鉴》每类膳食分类 2019 年 1—12 月的价格，可以计算出每类膳食 2019 年的平均价格，见表 3。

表 3　2019 年各膳食平均价格

膳食类别	谷物及杂豆	薯类	蔬菜类	鲜瓜果	禽肉类	蛋类	奶及奶制品	水产品
平均价格/（元·千克$^{-1}$）	4.133 2	1.702 2	6.519 5	9.042 8	50.757 7	12.170 8	3.650 0	20.201 0

资料来源：根据《四川调查年鉴》数据整理。

其中，薯类与奶及奶制品的价格在《四川调查年鉴》中没有显示，于是薯类使用《全国农产品成本收益资料汇编》中露地马铃薯 2019 年的价格代替；在《2021 中国奶业统计资料》中，有 2019 年上海、黑龙江、河北与山东的原料奶的价格，其平均值是 3.698 8 元/千克，2019 年中国原料奶价格为 3.65 元/千克，于是经过对比本文采用了中国原料奶价格 3.65 元/千克。

第二步，将平均价格与消费量相乘，获得四川省农村居民的各膳食成本及总成本，见表 4。

表 4　2019 年四川省农村居民各膳食成本及总成本

膳食类别	2019 年消费量/千克	2019 年支出/元
谷物和杂豆	166.6	688.59
薯类	4.97	8.46
蔬菜类	115.18	750.92
鲜瓜果	31.14	281.59
禽肉类	50.79	2 577.98
蛋类	8.84	107.59
奶及奶制品	8.51	31.06
水产品	7.39	149.29
总支出	4 595.48	
人均每日支出	12.59	

资料来源：根据《四川调查年鉴》《四川统计年鉴》数据整理。

第三步，计算经济可负担性 1。根据《四川统计年鉴》可知，2019 年农村居民家庭人均可支配收入为 14 670 元，于是根据公式经济可负担性＝膳食成本/人均可支配收入，可得经济可负担 1＝4 595.48/14 670＝0.311 3，即 31.13%。按一年 365 天计算，基于四川省农村居民膳食结构的人均每日膳食成本支出为 12.59 元。

（二）基于《指南》膳食结构的经济可负担性测算

基于《指南》膳食结构的经济可负担性计算分为两步：第一步，将《指南》中所推荐的各膳食种类消费的最小量与最大量分别与 2019 年各食物类别的平均价格相乘，得出《指南》中推荐膳食成本的最小值与最大值；第二步，将最小值与最大值分别与 2019 年四川省农村居民家庭人均可支配收入对比，得出经济可负担性 2 和经济可负担性 3。

第一步，根据《指南》推荐膳食消费最大量与膳食消费最小量得出两种推荐量下的膳食支出，分别为 3 093.87 元与 5 197.73 元，见表 5。

表 5　中国居民膳食指南（2016）的经济可负担性

膳食类别	指南推荐最小量/千克	支出/元	指南推荐最大量/千克	支出/元
谷物和杂豆	18.25	75.43	54.75	226.29
薯类	18.25	31.07	36.50	62.13
蔬菜类	109.50	713.89	182.50	1 189.81
鲜瓜果	73.00	660.12	127.75	1 155.21
禽肉类	14.60	741.06	27.38	1 389.49
蛋类	14.60	177.69	18.25	222.12
奶及奶制品	109.50	399.68	109.50	399.68
水产品	14.60	294.94	27.38	553.00
总支出	3 093.87		5 197.73	
人均每日支出	8.59		14.44	

资料来源：根据《中国居民膳食指南（2016）》和《四川调查年鉴》数据整理。

第二步，根据经济可负担性公式经济可负担性＝膳食成本/人均纯收入与《四川统计年鉴》可知，农村居民家庭人均可支配收入在 2019 年为 14 670 元，可得经济可负担性 2＝3 093.87/14 670＝0.209 6，即 20.96%；经济可负担性 3＝5 197.73/14 670＝0.352 1，即 35.21%。按一年 365 天计算，在《指南》推荐量下人均每日膳食成本支出最小值和最大值分别为 8.59 元与 14.44 元。

（三）基于联合国粮农组织健康膳食标准的经济可负担性测算

根据《2020 年世界粮食安全和营养状况》这篇报告，我们不难得出一个结论：依照一个正常人的性别、年龄、体力水平、活动水平以及生理状态，健康的膳食结构既能保证其对宏量营养素如蛋白质、脂肪和包括膳食纤维的碳水化合物等的摄入，也能够满足必要的微量营养素如维生素、矿物质等的需求。按上述概念，健康膳食的具体构成对世界上的各国来说在原则上是一样的，但也需要因地制宜。需要考虑的因素有国家居民个人消费特点、国家文化历史的差异、各类食品在当地的供应情况和居民个人与家庭的饮食风格与习惯等，要确保在一段时间内摄入均衡、多样和适量的食物。Cheung Jason（2021）在研究东亚地区水果和蔬菜消费的食物环境时，选取了中国、日本、马来西亚、韩国等典型国家，因此本文从《2020世界粮食安全与营养状况》报告中提出的不同地区膳食标准中选用了东亚地区的健康膳食成本数据，即人均每日支出4.69美元作为健康膳食标准参考。按照当时的美元与人民币汇率进行换算，4.69美元=29.916 1人民币，按一年365天计算，总支出为10 919.38元，根据经济可负担性计算公式可得经济可负担性4为0.744 3，即74.43%。

（四）三种膳食结构下经济可负担性的对比

1. 三种膳食结构下膳食成本的对比

将三种膳食结构的各食物类别的支出及总支出进行对比，结果见表6。

表6　三种膳食结构各食物类别支出及总支出对比

膳食类别	四川省农村居民/元	指南推荐最小值/元	指南推荐最大值/元	联合国粮农组织推荐/元
谷物和杂豆	688.59	75.43	226.29	—
薯类	8.46	31.07	62.13	—
蔬菜类	750.92	713.89	1 189.81	—
鲜瓜果	281.59	660.12	1 155.21	—
禽肉类	2 577.98	741.06	1 389.49	—
蛋类	107.59	177.69	222.12	—
奶及奶制品	31.06	399.68	399.68	—
水产品	149.29	294.94	553.00	—
总支出	4 595.48	3 093.87	5 197.73	10 919.38

注：美元兑人民币汇率以2021年11月13日为标准，1人民币=0.156 8美元。

资料来源：根据前文数据整理。

首先，通过膳食消费支出的对比以及前文四川省农村居民膳食结构与《指南》的对比可以看出，膳食消费量对膳食总支出的影响非常显著。虽然四川省农村居民膳食支出为4 595.48元，处于指南推荐最小值3 093.87元与最大值5 197.73元之间，但其实支出结构是极不合理的。除了蔬菜类支出真正处于推荐值范围内，谷物与杂豆及禽肉类的过剩支出覆盖了其他膳食种类的不足支出，从而导致总支出处于中间值。可以看到，四川省农村居民谷物与杂豆的支出是最小值的9.25倍，是最大值的3.08倍；禽肉类的支出是最小值的3.53倍，是最大值的1.88倍；而不足的部分差别最大的在于奶及奶制品，《指南》推荐值是实际支出的12.69倍。其次，根据联合国粮农组织给出的东亚健康膳食的人均每日支出可以简单推算出健康膳食总支出为 10 919.38 元，这一结果远超四川省农村居民的膳食支出以及《指南》的推荐支出，是《指南》推荐最大值的 2.1 倍。因此可以看出，在总支出部分，虽然总支出处于指南推荐消费支出范围内，但其支出结构是非常不合理的，并且与联合国粮农组织给出的健康膳食推荐消费支出也相差较大。

2. 三种膳食结构下经济可负担性及人均每日支出对比

将三种膳食结构的经济可负担性及人均每日支出进行汇总对比，据前文给出的简化定义，经济可负担性 1 是基于四川省农村居民膳食结构所得；经济可负担性 2 是基于《指南》推荐膳食消费最小量所得；经济可负担性 3 是基于《指南》推荐膳食消费最大量所得；经济可负担性 4 是基于联合国粮农组织健康膳食标准所得。具体情况如表 7 和表 8 所示。

表 7　三种膳食结构经济可负担性对比

经济可负担性 1	经济可负担性 2	经济可负担性 3	经济可负担性 4
31.13%	20.96%	35.21%	74.43%

资料来源：根据前文数据整理。

表 8　三种膳食结构人均每日支出对比

类别	四川省农村居民	指南推荐最小值	指南推荐最大值	联合国粮农组织推荐
人均每日支出/元	12.77	8.59	14.44	29.92
人均每日支出/美元	2.00	1.35	2.26	4.69

注：美元兑人民币汇率以 2021 年 11 月 13 日为标准，1 人民币 = 0.156 8 美元。
资料来源：根据前文数据整理。

本文估算出了三类膳食的经济可负担性（即膳食成本/人均可支配收入），并进行了对比。依据《2020 年世界粮食安全和营养状况》提出的世界贫困线为每日 1.9 美元，而这其中食物消费的基础份额为 63%，即每日 1.2 美元，如果膳食成本超过每日 1.2 美元，则意味着经济不可负担。因此，基于此标准的经济可负担性分析表明，2019 年四川省农村居民家庭人均可支配收入能够负担其目前的膳食支出，经济可负担性 1 为 31.13%，小于 63%；经济可负担性 3 为 35.21%，说明四川省农村居民家庭人均可支配收入可以负担《指南》推荐的最大值的膳食支出；尽管如此，却无法负担联合国粮农组织推荐的健康膳食支出，经济可负担性 4 达到了 74.43%。

在人均每日支出对比中，可以看出四川省农村居民每日支出处于《指南》

推荐的最小值与最大值范围内，并非常接近最大值，但联合国粮农组织所推荐的健康膳食支出却是其的 2.1 倍。

因此，根据以上分析可以得出结论，目前四川省农村居民的生活进入了新的阶段，人们不再为温饱问题而担忧，不管是膳食消费总支出还是经济可负担性均在《指南》推荐总支出以及经济可负担性之间，表明四川省农村居民的膳食情况已经达到了我国对居民推荐的膳食基本要求，并且随着家庭可支配收入的增长，四川省农村居民 2019 年可以负担得起这部分膳食成本，从而形成良性循环。但依然反映出了一些问题：第一，虽然四川省农村居民家庭可支配收入可以负担得起膳食总成本，但其膳食支出中的结构非常不合理，谷物和杂豆及禽肉类这两类食物类别的支出成本占到了总成本的 70.88%，也就是说大部分的成本来自这两类食物支出。而在《指南》推荐的最大支出中，这两类食物类别的成本占总成本的 30.95%，与四川相比成本占比相差将近 40 个百分点。四川省农村居民家庭其他食物消费支出，如鲜瓜果类的支出成本只占总成本的 6.17%，远远低于《指南》中推荐的鲜瓜果类最小消费量支出占总成本的比重 21.36%，由此可见四川鲜瓜果类消费有极大的提升空间。如此说明，虽然总支出数处于正常范围中，但结构非常不合理。第二，不论是 2019 年四川省农村居民的膳食支出还是《指南》推荐的支出，都远小于联合国粮农组织推荐的东亚地区健康膳食的支出，以目前四川省农村居民的家庭可支配收入也无法负担这种膳食标准。若以 63% 的经济可负担性作为基准，在健康膳食总支出 10 919.38 元不变的情况下，收入应至少为 17 332.349 2 元，目前的收入 14 670 元与之相比相差将近 3 000 元，说明目前虽然四川省农村居民的收入在逐年增长，但还不足以达到联合国粮农组织推荐的标准。

（五）基于经济可负担性的农村居民家庭可支配收入预测

1. 数据的选取

根据前文的结论，若以 63% 的经济可负担性作为基准，在健康膳食总支出 10 919.38 元不变的情况下，收入应至少为 17 332.349 2 元。在此通过运用 SAS 9.4 软件 ARIMA 对四川省农村居民家庭可支配收入进行预测，得出几年之后可以达到该标准。为确保数据的准确性，本文从《四川统计年鉴》中选取了有关数据进行分析。由于居民家庭可支配收入是一个跨时的概念，因此需要对其中长期变化规律进行研究，基于这一考虑，本文选取了 2000—2019 年的农村居民家庭可支配收入年度数据作为分析对象。

2. 绘制序列时序图

整理 2000—2019 年四川省农村居民家庭可支配收入数据可得随时间变化

的时序图，如图 10 所示。

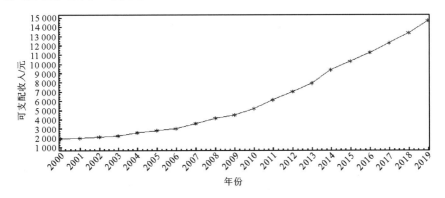

图 10　2000—2019 年四川省农村居民家庭可支配收入时序

通过图 10 可以看出，2000—2019 年，农村居民家庭可支配收入呈现逐年上升的特点，符合收入时间数据序列的长期趋势，是非平稳时间序列。

3. 差分平稳化检验

若时间序列很平稳，则可以用平稳序列的研究方法进行研究，但本文的数据呈现随时间推延的长期明显趋势，因此考虑有很强的筛选确定性信息能力的差分运算。非平稳时间序列在经过适当阶数的差分之后变得类似平稳序列，可以按照平稳序列的方法进行研究。首先对其进行一阶差分，如图 11 所示。

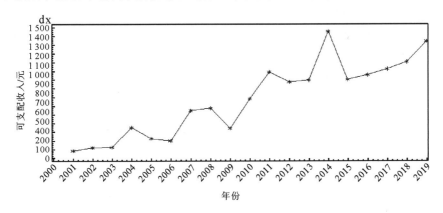

图 11　2000—2019 年四川省农村居民家庭可支配收入一阶差分

观察一阶差分后的序列情况，发现依旧没有将长期趋势提取完全，时序图仍呈长期递增趋势，因此考虑继续对其进行二阶差分，如图 12 所示。

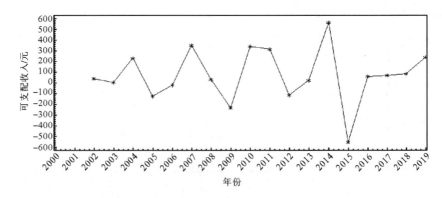

图12　2000—2019年四川省农村居民家庭可支配收入二阶差分

通过对该时间序列进行二阶差分，可以看出时序图基本在0值附近上下波动，时序图中的长期趋势被提取完全，没有递增趋势，是类似平稳序列，差分有效，因此可以进行模型定阶。

4. 模型定阶

根据理论知识可知，拟合模型可简写为 ARIMA（p，d，q）。在短期相关性分析中，观察延迟阶数在阶12以内的变化情况，来确定模型系数。通过自相关系数呈现出拖尾的性质，偏自相关系数呈现出1阶截尾的特征，从二阶之后迅速衰减并变化很小，没有超过二倍标准差的范围，因此也可以同时印证序列平稳。观察序列差分后自相关图（见图13）和偏自相关图（见图14）的性质，尝试拟合的乘积模型为 ARIMA（1，2，0）。

```
                              Autocorrelations

Lag    Covariance   Correlation   -1 9 8 7 6 5 4 3 2 1 0 1 2 3 4 5 6 7 8 9 1    Std Error
 0       582026      1.00000                        |********************|              0
 1       468730      0.80534                        |****************    .        0.235702
 2       370865      0.63720                        |*************    .           0.357238
 3       322358      0.55385              .         |***********     .            0.415611
 4       248716      0.42733              .         |*********       .            0.454771

        "." marks two standard errors
```

图13　自相关系数

```
                         Partial Autocorrelations

Lag    Correlation    -1 9 8 7 6 5 4 3 2 1 0 1 2 3 4 5 6 7 8 9 1
 1      0.80534                    .         |****************
 2     -0.03237                    .         *|               .
 3      0.14286                    .         |***             .
 4     -0.15835                    .      ***|               .
```

图14　偏自相关系数

5. 估计模型参数

根据偏自相关系数 1 阶截尾的特征，在代码中加入"estimate p = 1；"，对二阶差分后的序列 $\nabla\nabla x_t$ 拟合 AR（1）模型。输出的拟合结果显示常数项不显著，添加估计命令"estimate p = 1 noint；"，拟合结果显示模型显著且参数显著，如表 9 所示。

表 9　模型系数显著性检验

参数	估计	标准误差	T 值	近似 Pr>t	滞后
AR1，1	1.000 00	0.050 78	19.69	<0.001	1

输出结果显示，序列 x_t 的拟合模型为 ARIMA（1，2，0）模型，模型口径为：

$$\begin{cases} \nabla\nabla x_t = 1-1\varepsilon t \\ \varepsilon - N（0，94\,896.36） \end{cases}$$

6. 模型检验

对初步估计的模型进行参数显著性和残差白噪声检验，结果见表 10。

表 10　残差白噪声检验

至滞后	卡方	自由度	Pr>卡方
6	10.03	5	0.074 3
12	16.44	11	0.125 7

表 9 模型系数显著性检验结果显示，一个参数 t 统计量 P 值远小于 0.05，可得参数显著有效。

表 10 残差白噪声检验中显示，延迟 6 阶与 12 阶相应卡方统计量的相伴概率（即 Pr>卡方项）分别为 0.074 3 与 0.125 7，均大于 0.05，所以残差序列是白噪声序列，说明残差中信息已被完全提取，因此模型可以说是非常有效的。

7. 估计预测

加入代码"forecast lead = 5 id = t out = result；"，预测今后 5 年的农村居民家庭纯收入值并绘制原时间序列与本文模型预测结果的拟合图，如表 11、图 15 所示。

表 11　估计模型预测值

滞后年份	预测值	95%置信区间	
21	15 773.998 2	15 170.226 4	16 377.770 1
22	17 112.996 5	16 259.134 4	17 966.858 5
23	18 216.992 9	16 738.060 8	19 695.925 0
24	19 555.989 4	17 646.696 9	21 465.281 9
25	20 659.984 1	18 028.206 6	23 291.761 5

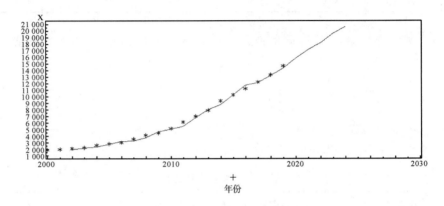

图 15　估计模型预测曲线与实际数据拟合

将序列原值与预测值作于一张图上（见图 15），原始值 2000—2019 年呈现星星形状，预测模型呈现红线形式，可以看出原始值与预测模型的红线趋势基本一致，可以认为，该模型 ARIMA（1，2，0）对原序列的预测偏差较小，拟合结果较好。

因此通过模型预测可得出今后 5 年四川省农村居民家庭可支配收入的值，即在 2021 年达到 15 773.998 2 元，2022 年达到 17 112.996 5 元，2023 年达到 18 216.992 9 元，2024 年达到 19 555.989 4 元，2025 年达到 20 659.984 1 元。结合前文结论，与达到经济可负担性边界的 17 332.349 2 元相比较发现，在 2023 年的收入 18 216.992 9 元大于 17 332.349 2 元，因此可以得出初步结论：在 2023 年居民家庭可支配收入增长至 18 216.992 9 元时可以完全覆盖健康膳食支出。

四、建议

（一）推进粮食体系转型，确保人人可负担健康膳食

联合国粮农组织一直在系统地关注与估计世界各地健康膳食的成本和可负

担性，《2021 世界粮食安全与营养状况》对 2019 年的估计与分析结果表明，一国的收入与其健康膳食可负担性与粮食安全高度相关，一国的收入越低，健康膳食的不可负担性以及中度或重度粮食不安全水平就越高。过去几十年来，各类粮食体系提供了各种各样的食物，养活了快速增长且日益城市化的世界人口。但是，许多粮食体系却未能为全球人口提供充足、安全、营养的食物。《2021 世界粮食安全与营养状况》指出，在新冠肺炎疫情暴发之前就有近 30 亿人无法负担健康膳食了。此外，全球食用高脂、高糖、高盐深加工能量密集型食品和饮料的人口比例正在扩大。

对我国来说也是如此，我国居民营养过剩与营养不足并存，四川省农村居民与城镇居民的经济可负担性均与国际标准相差较多，因此需要在保障粮食数量安全的前提之下，逐渐推动粮食体系转型，并加强营养安全的研究，通过多利益相关方磋商，根据我国的相关政策、投资和治理环境，考虑最重要的体制问题及所有相关政治经济问题，推进粮食体系转型。建立符合我国居民消费特征的粮食体系，提高粮食体系的抵御能力，使之更好地应对导致粮食不安全和营养不良问题恶化的各项主要因素，同时以环境可持续的方式让所有人更好地获得可负担的健康膳食。特别是在当前的新冠肺炎疫情已对包括我国在内的世界各地的人类健康和经济造成了巨大影响，社会保护体系对于确保弱势群体如妇女、儿童以及偏远地区农民等获得充足营养食物具有重要意义。

（二）开展营养教育，丰富宣传健康膳食结构的方式

改革开放以来，农村居民的生活发生了天翻地覆的变化，但是膳食消费习惯也要随着时代的变化发生相应变化。根据马斯洛的需求层次理论，当人们从温饱生活中走出来之后，需要满足精神层次的需要，无论受教育水平高低，都需要学习扎实的膳食健康知识，每位农村居民都可以通过学习相关知识不断完善自己的膳食结构，及时根据《指南》推荐改变自身膳食结构消费，及时降低粮食消费在总体膳食结构中的比例，增加蔬菜、鲜瓜果在总体膳食结构的比例。积极学习相关膳食营养知识，提升营养健康的认知，认识到不同人群、不同年龄、不同性别、不同阶段对膳食结构的要求都有差别，开展全方位的健康膳食知识传递，丰富科普与宣传的方式方法。

（三）优化农产品供销渠道，保障健康膳食支出

根据相关消费理论，总收入决定食物支出。因此，要想从根本上改善农村居民的食物消费情况，增加农民收入仍是改善农村居民膳食健康水平的重要手段。通过对收入弹性的分析可知，哪些食物对居民来说在收入增加时会有较大消费量，而哪些食物不会。但就平衡与健康的膳食而言，稳定且大量消费的食

物不一定是健康的食物，消费量连年不足的食物也有可能含有丰富的营养素，因此还需要考虑的是该食物本身的价格与市场提供量是否会干预农村居民的选择。后脱贫时代，保障特定农产品稳定供应是农民花较少的钱而获得营养素丰富食物的一种思路，同时保护健康农产品卖出的市场价格也是作为健康膳食支出的基础。本文分为三个层面进行建议：

（1）政府层面：保护农产品的市场价格，保护农村生产者的利益，必要时可以采取价格干预政策，为提升整体居民的膳食结构水平，对一些含有必要摄入的宏量与微量营养素的食物可以采取价格保护政策或增大市场投放量的政策，使得无论是农村居民还是城镇居民都能获得营养健康的食物。

（2）产业层面：保障形成健康膳食的食物产品供应，稳定供应链与供应量，优化供应销售渠道过程，应建设具有信息化特征的供应渠道，在政府支持下建立一个含有营养素丰富且人体必须吸收但消费量少的食品电子信息分享处理中心。以合作组织为主体，使农户可以通过信息中心获得食品及市场信息来进行每年的生产安排；同时龙头企业也可以通过信息中心了解市场需求状况、农户生产状况，从而制订相对合理的生产、销售、配送策略，形成循环，这样一来，生产者可以安排生产结构，输出稳定量的健康又便宜的食物。

（3）个人层面：农村居民的膳食消费总量虽达到了标准与要求，但结构与组成还很不合理，因此要不断进行调整。随着收入的增加，逐渐减少对粮食的消费量，减少粮食消费量在总消费量中的占比，将更多消费集中在鲜瓜果、蔬菜类上，加强对于膳食结构的反应调整能力，不断向健康的膳食结构改变。

（四）改善农村社会保障制度，支撑健康膳食结构

农村社会保障是运用部分社会财力帮助农村居民转移和避免各种可能风险的一种措施，可保障农村居民的基本生活需要，可以将其看成一种转移而不是消耗。但农村社会保障除了有协调社会关系、维护社会稳定的作用外，完善的农村社会保障制度还能对农村居民的消费增长起到促进作用（李娜，2021）。

若能够将体检纳入医疗保险体系，使农村居民可以定期进行基础性体检，并通过数据数值的形式显示农村居民自身的各具体营养素摄入情况，那么随着农村社会保障制度的不断完善，农村居民会根据自身体检数值更多地消费健康的食物以改善身体状况。因此当农村居民主动参加或不断被政府纳入医疗保险体系，他们的膳食状况与膳食结构就能得到好转，而一个完善的农村社会保障体系是实现这一条件的基础。

目前，农村的合作医疗制度还在完善与建设中，与城市居民医疗保障制度还相差较多，所以需要不断完善，可以根据各地的实际情况适当参照城市社会

保障水平，重要的是不断充实保障的疾病范围，降低保障的门槛，做到应保尽保，逐步提高农村居民福利水平，使其在有社会制度的保障下，不断调整自己的膳食结构，并带动整个产业向营养健康型农业发展。

主要参考文献

[1] 成升魁，董纪昌，刘秀丽，等. 新时代中国国民营养与粮食安全研究中的关键科学问题：第249期"双清论坛"综述 [J/OL]. [2021-11-14]. 中国科学基金：1-9.

[2] 封志明，史登峰. 近20年来中国食物消费变化与膳食营养状况评价 [J]. 资源科学，2006 (1)：2-8.

[3] 李雷，白军飞，张彩萍. 贫困线视角下农村居民收入对膳食健康的影响研究：基于 CHNS 数据的微观实证 [J]. 农业现代化研究，2020，41 (1)：93-103.

[4] 联合国发布《世界粮食安全和营养状况》报告 [J]. 中国食品学报，2020，20 (7)：171.

[5] 王雪，祁华清. 新时代中国居民食物消费结构变化与中国食物安全 [J]. 农村经济与科技，2021，32 (1)：104-107.

[6] 王志宏，翟凤英，王惠君，等. 家庭收入水平对我国城乡居民食物消费的影响 [J]. 中国食物与营养，2015，21 (3)：46-49.

农村事件性消费中食物浪费行为影响因素分析
——以眉山市为例

孙薪雅

西南财经大学中国西部经济研究院 四川成都 611130

【摘要】本文将四川省眉山市农村居民在事件性消费中的浪费行为视作研究主体，在计划行为理论、态度-情境-行为理论基础之上，构建了农村居民在事件性消费中产生食物浪费行为诱因的理论模型。然后通过实地访问与问卷调研相结合的方式收集数据，运用 Probit 模型对影响眉山市农村居民在事件性消费中的食物浪费行为的因素进行实证检验，厘清该群体在事件性消费中产生浪费行为的驱动因素，就农村事件性消费中不同饭菜质量条件下对该群体产生浪费行为的作用效果进行分析，同时也对不同教育水平、年龄组的农民的食物浪费行为所产生的差异化影响进行了异质性检验。结果显示：农村居民的个人、家庭特征对其在事件性消费中产生食物浪费有显著影响，例如产生正向影响的年龄、家中常住人口因素和产生负向影响的婚姻状况、饥饿经历；基于计划行为理论得出农村居民的态度和主观规范分别会对食物浪费产生正向和负向的显著影响；基于态度-情景-行为理论得出饭菜质量正向调节态度对农村居民事件性消费中的食物浪费行为，但负向调节主观规范对农村居民事件性消费中的食物浪费行为。最后，本文通过结合实证结果和其他可能影响农村居民的浪费行为的因素，分别以政府、社会、消费者以及餐饮业为切入点，制定了有助于解决这一问题的策略。

【关键词】事件性消费；食物浪费；农村居民；Probit 模型

一、研究背景

"民以食为天。"食物消费是居民生活最基本的生存需求，它关系着居民

156 成渝地区双城经济圈粮食安全保障研究

营养健康水平的提高，也影响着农业生产发展的方向和政府相关政策的制定。但在人民物质条件和生活水平显著提高的同时，也产生了一系列问题，如资源逐渐匮乏、环境破坏较严重等。为此，专家学者们提出了众多有关低碳消费、节能减排的议题和解决方案，但是对日常生活中给个人健康甚至是生态环境造成重大隐患的高碳行为却没有足够重视，而作为居民高碳消费行为的餐饮浪费更是首当其冲。针对这一问题，习近平总书记多次做出重要批示，政府要采取有效的措施来减少餐饮浪费现象。2020 年 8 月，习近平总书记对制止餐饮浪费行为作出重要指示，强调要加强立法，强化监管，采取有效措施，建立长效机制，坚决制止餐饮浪费行为。要进一步加强宣传教育，切实培养节约习惯，在全社会营造浪费可耻、节约为荣的氛围。虽然我国近些年来多次以"厉行节俭、杜绝浪费"为主题开展了各式各样的行动，但我国杜绝餐饮浪费的长效机制依然有待完善及妥善落实。因此，研究居民食物浪费行为的诱因，对促进我国节俭型餐饮消费文化的建立，进而确保我国粮食安全具有长远意义。

一般而言，城市居民通常会将酒店作为宴席的举办地，整个宴席所花费的时间相对较少，但食物浪费现象尤为普遍；而农村居民则与之不同，大都会在家中举办宴席，吃不完的饭菜也能够及时得到相应的存储，有效避免了食物浪费现象。并且二者在食物消费方面也有着非常大的差异。但是在城镇化水平不断提升的背景下，农村地区的物质条件得到了有效改善，许多农村家庭也开始选择将宴席放在城市酒店举办，或者在选择上倾向于量更多、菜系更丰盛的套餐标准，食物浪费现象也变得更加严重，城市与农村之间浪费食物的差距持续缩小。中国是世界上最大的发展中国家，拥有大量的农村人口，但是现阶段针对农村居民食物浪费问题的研究相对较少，以至于社会各界对该群体的食物浪费行为认识存在一定误解。因此，在全社会提倡爱粮节粮的时代背景下，如何更好地杜绝食物浪费，且能够使其短期成效保持下去，无疑是一个有意义的话题。

二、四川省农村事件性消费及食物浪费情况

事件性消费具有较强的特殊性，是中国独有的饮食消费类型，在居民食物消费构成中尤为关键。但是这种消费形式也会产生大量的食物浪费现象，由此引起了社会各界的广泛重视。当前国内有关食物浪费的学术研究主要体现在居民家庭食物浪费、高校学生食堂食物浪费两方面，但针对餐饮业事件性消费中的食物浪费尤其是围绕农村居民这个主体展开的研究却较少。

我国农村人口较多，自古以来一直有举办各种宴席的传统，大型聚餐活动

比比皆是。不同地区的农村在事件性消费上的偏好、习惯有着很大的差异。在农村居民收入不断增长的前提下，人们的生活质量得到了有效改善，宴席的形式也更加多样化、复杂化，逐渐形成了攀比之风，比排场、比菜品、比酒水的现象尤为普遍，食物浪费量也持续增多。表1展示了不同年代农村的婚宴消费情况，自改革开放开始，农村居民在置办婚宴中的花费从约3 667.01元增长到114 013.38元，增长率一路飙升。

表1　不同年代农村婚宴消费情况

年份	样本数	事件性消费均值/元	增长率/%
1940 年及以前	124	152.85	—
1950 年	238	355.58	132.63
1960 年	471	506.68	42.49
1970 年	776	1 391.72	174.67
1980 年	1 375	3 667.01	163.49
1990 年	1 093	13 946.46	280.32
2000 年	1 065	50 765.54	264
2010 年以来	755	114 013.38	124.59

数据来源：根据《中国餐饮年鉴》整理所得。

四川以"休闲"和"吃"闻名，据相关研究统计（曹晓昌 等，2020），四川成都在事件性消费中发生的人均食物浪费量为111.72克，比作为同期调研地的北京、上海、拉萨更高，其人均浪费量分别为104.29克、93.74克、92.18克。基于四川省市场监管局发布的相关数据，在2019年，全省范围内共有314万场人数超过100人的宴请活动。但是从现阶段的情况来看，国家并没有制定法律、政策来遏制这种行为，而过去与食物浪费治理相关的《四川省农村自办群体性宴席食品安全管理办法》也已经停止了使用，因而农村居民在宴席聚餐中的食品安全并无法律政策依托。因此，面对农村传统文化中"爱面子、搞攀比、讲排场、比阔气"的旧陋习和相关治理政策的缺失，本文以眉山市为例，发现农村事件性消费中的食物浪费情况较严重。

由于缺乏与农村事件性消费中的食物浪费行为相关的研究与数据，因此笔者只能通过参加眉山市当地农村宴会来进行相关描述。在笔者参与的几场宴会中，有一场在村民活动中心宴请宾客摆了90余桌，每桌有18个菜品和水果拼盘。待宾客们吃饱喝足后，剩下不少刚开的啤酒和剩菜剩饭，浪费现象触目惊心。通过实地对每桌食物浪费情况的观测（除打包外），其食物浪费结构中占比最多的为蔬菜，约30%，其次为水产品和禽肉。根据当地宴席饮食特色，主办方都会提供大量肉类食材，但往往会因为过量和吃多了不消化等原因被浪费；同时一些较油腻的特色菜由于受传统烹饪方式的影响，也会遭受大量浪费，诸如"酒米饭"这类在眉山农村地区各大宴席上必不可少的经典菜肴。

过去，人们一般认为城里人容易奢侈浪费，现在农村也有这种趋势。改革开放以来，眉山市农村不断发展特色产业，村民生活条件得到极大改善。通过实地采访，不少村民认为，现在的经济条件、生活质量比过去好了，一生也办不到几场喜事，如果办得不气派，别人会议论为抠门、寒酸，于是就在设宴请客方面开始"挣脸面"，相互攀比，造成了餐饮极大的浪费。虽然国家提倡用打包剩菜来解决餐饮浪费这个办法，但实际上，有的农村居民就算想把吃不完的菜带回家，但碍于面子也会打消念头；有的高龄老人即使早年间遭受过战争、饥荒等导致的饥饿经历而不愿浪费粮食，但是考虑到身体情况不宜多吃从而也可能造成浪费。对于事件性消费而言，"事件"是最为重要的内容，展现了中国独有的人情往来，因此本研究可以拓展全国食物浪费研究思路，从而加快我国节俭型餐饮消费文化环境的构建。

三、研究设计及样本特征

（一）抽样方法

本文经过综合对比，最终选择了简单随机抽样法。该方法指的就是本着公平、公正的原则，从样本库中随意抽取样本。其包括两种不同的类型，一种是重复抽样，指的是在每次抽样结束后依旧将抽中的样本重新置入样本库中，存在下一次抽样得出的结果与之前抽样结果相同的可能性；另一种是不重复抽样，每次抽中的样本都会从样本库中剔除，因此，最终所抽出的样本不会存在重复性。一般而言，社会调查往往会选择不重复抽样。简单随机抽样最突出的特征就是：样本库中所有样本拥有完全一样的抽中概率，每一个样本都处于相互独立的状态之中。

该方法的样本量易选择，操作方便可行，只要确定好样本量，再选择四川省眉山市农村居民进行问卷调查即可。综合比较多种抽样方法后，由于时间、人力、物力有限，本文以四川省眉山市农村居民总数为总体，个体为构成总体的每个农村居民，选择采用简单随机抽样的无放回抽样方法抽取了334名农村居民，对其事件性消费中的食物浪费情况进行调查，由此既避免了简单随机抽样的放回抽样中两次抽取同样的样本和分层抽样的复杂化程序，简化了抽样的程序，又可以防止采用整群抽样时出现较大的误差。

（二）问卷设计与数据收集

本次问卷设计秉持主题明确、逻辑性强、通俗易懂、便于整理统计等基本原则，主要将问卷的内容划分为两个部分。第一个部分主要为受调查农村居民的个人及家庭信息，主要包括调查对象的性别、年龄、受教育程度、工作、收入水平、家庭常住人口数、家中常住 60 岁以上老人数、是否有过饥饿经历等，该部分总计 9 题；第二个部分基于计划行为理论，通过借鉴相关研究中多个学者的成熟量表，以农村居民在事件性消费中对食物浪费现象的主观态度、感知行为控制、主观规范等为切入点，设计了具体的调查题项，并将面子及人情消费、从众心理等因素与食物浪费行为背后的心理因素研究相结合，将其划分在有关农村居民个体的主观规范的相关问题中。另外，第二部分还包含与客观环境因素相关的饭菜质量问题，总计 43 题。

正式调查之前，笔者分别在眉山市富家镇和禾加镇两地进行预调研，主要为收集样本中高龄群体的调查结果，以此来尽量保证调查对象的多样性，尽量使问卷设计全面合理和调查方法科学有效。在预调研过程中，笔者通过亲自出席当地喜丧宴，以参与者视角对农村事件性消费的食物浪费情况进行了一个初步的主观估计判断。之后，经过对问卷内容和调查方法的修改，正式调查于 2021 年 8 月 20 日至 2021 年 8 月 30 日期间开展，受疫情影响，本次调查主要通过微调查、问卷星等调查法来发放问卷，操作具有可行性，便于统计，随机误差较小。

（三）样本描述性统计

本文借助问卷星、微信等平台总共回收问卷 334 份，但在初步筛选中有 19 份问卷因为连续勾选相同选项过多、答题时间过短而被废除，因而最终有效问卷为 315 份，占总回收问卷的 94%。

从有效样本个人特征描述性统计来看：女性占比约 64%，男性占比约 36%，其中女性在事件性消费中发生食物浪费的概率比男性高出约 5%；年龄介于 36~45 岁的占比最多，达到 30%，年龄介于 18~25 岁的调查者位居第二，食物浪费概率在各年龄段分布较相似，其中 26~35 岁和高龄者的浪费行为较明显；超过约 2/3 的受访者处于已婚状态，已婚群体的浪费概率相对较高；受教育水平集中在本科、高中/中专、初中阶段，食物浪费行为的发生在高教育水平阶段相对较少；个人月收入在 2 500~5 000 元的群体居多，发生食物浪费的概率在前三个收入阶段上分布相似，约 62%，而收入较高的群体浪费概率相对较低；因财务、疾病等原因遭受过饥饿经历的群体占有效样本约 24%，其在事件性消费中的节约意识相对较强；在问卷受访者中，职业为外出务工的农民工占比较大，约33%，其中从事农业劳动的群体发生食物浪费的概率最低。表2为有效样本的个人特征与食物浪费描述性统计。

表2　有效样本的个人特征与食物浪费描述性统计

类别	统计指标	样本量/个	占比/%	发生浪费概率/%
性别	男	113	36.22	57.6
	女	199	63.78	62.5
婚姻状况	已婚	209	66.99	62.4
	未婚	104	33.01	57.7
年龄	17 岁以下	8	25.6	64.1
	18~25 岁	81	25.96	57.2
	26~35 岁	42	13.46	63.4
	36~45 岁	93	29.81	62.9
	46~55 岁	75	24.04	60.5
	56~65 岁	8	2.56	60
	66 岁及以上	8	1.6	63.2
学历	小学及以下	19	5.13	64.2
	初中	86	27.56	62.5
	高中/中专	72	23.08	62.6
	本科	92	29.49	60
	本科及以上	46	14.74	53.9
月收入	1 500 元及以下	55	17.63	62.7
	1 501~2 500 元	97	30.13	62.8
	2 501~5 000 元	103	33.01	62.4
	5 001 元及以上	60	19.23	55.4
经历饥饿	是	79	24.36	60
	否	236	75.64	63.4

类别	统计指标	样本量/个	占比/%	发生浪费概率/%
职业	基层干部	16	5.13	62.1
	个体工商户	22	7.05	48.4
	企业主	3	0.96	51.2
	技术人员 （医生、教师等）	28	8.97	60.8
	企业管理者	14	4.49	61.6
	务工人员	105	33.65	63.4
	农业劳动者	14	3.53	48.6
	家务劳动者	19	6.09	63.3
	失业、无业人员	15	4.81	64.6
	其他	79	25.32	58.8

从有效样本家庭特征描述性统计来看：农村家庭常住人口一般以3人和4人为主，分别约占有效样本的31%和29%（见表3），随着家庭常住人口数量的增多，居民在事件性消费中发生食物浪费行为的概率趋势图呈"U"形；在受访者的调查结果中，家中常住60岁以上老人的群体占60%左右，其发生食物浪费行为的概率在60%左右波动。

表3 有效样本的家庭特征与食物浪费描述性统计

类别	统计指标	样本量/个	占比/%	发生浪费概率/%
家庭常住 人口数	1人	15	4.81	63
	2人	39	1.25	63.2
	3人	102	31.73	60
	4人	93	29.81	58.7
	5人	66	21.15	63.1
家中常住 60岁以上 老人数	0人	129	41.35	61.2
	1人	88	28.21	59.9
	2人	83	25.64	61.7
	3人及以上	15	4.81	64.3

四、眉山市农村事件性消费食物浪费影响因素实证分析

在农村事件性消费中，宴会参加人员的家庭结构、性别、受教育水平、收入状况、性别等各种社会人口学因素与食物浪费行为之间有着非常高的关联度。那么影响农村事件性消费是否发生浪费以及作用于浪费行为的主要因素有哪些呢？各显著影响因素之间有何种关联？关联有多大？哪些因素是食物浪费背后的主要影响因素呢？本文首先根据研究内容提出研究假说，然后利用眉山市农村事件性消费食物浪费调研数据，结合过往研究以及描述性统计分析结果选取年龄、性别、婚姻状况、职业、家庭人口特征、月收入，基于计划行为理论的对浪费行为的态度、主观规范、感知行为控制，基于态度-情景-环境理论的饭菜质量等潜在变量，对是否发生浪费、影响浪费的主要因素、因素之间的交互影响建立 Probit 回归模型进行实证分析，最后对不同教育水平及年龄组在事件性消费中食物浪费行为的差异化影响做了分析。

（一）研究假说

1. 社会人口学因素对食物浪费行为的影响

学术界关于社会人口学因素对食物浪费行为影响的研究基本达成了一致，即在不同的人口统计特征变量下，食物浪费行为会表现得有所不同。学者们也基本上都是从性别、年龄、学历、个人月收入、婚姻状况以及家庭特征等社会人口学因素入手来研究居民食物浪费行为的，取得了一定的成果，但是具体到何种因素对于食物浪费行为的影响更加突出，学者们并未获得一致性的结论。Sebbane（2018）通过研究 479 名在工作场所就餐的消费者后发现，食物浪费量受人口特征因素影响且女性更倾向于浪费食物；Quested 等（2013）学者认为，65 岁以上的英国人因经历过物资匮乏的年代而比其他年龄段者浪费的食物更少；张盼盼等（2018）在对 159 家餐饮企业的调查中发现，食物浪费行为会受教育水平高低的影响，呈现出倒 "U" 形的状态；关于婚姻状况产生的影响，Priefer C（2015）、Koivupuro H K（2012）等学者的实验都得出了未婚的单身家庭更倾向于浪费更多食物的结论，这或许与单身人士的生活方式有关。因此本文提出假设 A1 到假设 A5：

假设 A1：在事件性消费中，女性的食物浪费行为多于男性。

假设 A2：年龄越大的农村居民越不容易产生食物浪费行为。

假设 A3：教育水平越高者越不容易产生食物浪费行为。

假设 A4：已婚人士的食物浪费行为少于未婚人士。

假设 A5：有过饥饿经历的农村居民越不容易产生食物浪费行为。

2. 农村居民态度、主观规范、感知行为控制因素对事件性消费中食物浪费行为的影响

学术界众多研究都已证实作为计划行为理论三个重要前因的态度、主观规范、感知行为控制，会对食物浪费行为产生较显著的影响。Graham-Rowe 等（2015）在进一步完善的计划行为理论基础之上研究了居民家庭的食物浪费情况，结果表明：计划行为理论的三个前因与居民家庭减少蔬菜水果的意向有着明显的关系；Jessica（2018）指出，对于个体而言，如果他们能够认识到食物浪费行为有可能对社会经济、生态环境造成影响，那么浪费行为就能够得到有效控制。在与主观规范因素相关的研究领域，Juan（2007）认为"从众"是中国人面子消费的重要特征之一，相较于西方人，从众效应在东方人身上体现得更加明显，出于对社交活动的考虑，人们往往会增加对"面子"的追求；Liao 等（2018）为了研究儒家文化对餐饮浪费的影响，在计划行为理论的基础之上创新结合 Fishbein 模型，结果发现消费者会因为面子意识而较少打包，餐饮浪费因此发生。除此之外，Li 等（2015）用三种量表对 192 名大学生进行了调查，量表内容包含对社会价值、面子意识以及地位消费的考察，最后得出，面子意识会对消费者的身份消费行为显现出正相关关系。因此，基于以往学者的研究结论提出假设 B1 到假设 D。

假设 B1：农村事件性消费食物浪费行为与消费者态度呈负向相关。

假设 B2：在事件性消费中，农民对食物浪费的个人态度越积极，则越不容易产生食物浪费。

假设 B3：在事件性消费中，农民对食物浪费的财务态度越积极，则越不容易产生食物浪费。

假设 C1：农村事件性消费食物浪费行为与消费者主观规范呈正向相关。

假设 C2：在事件性消费中，农民对食物浪费的从众心理越强烈，则产生食物浪费行为的概率会越大。

假设 C3：在事件性消费中，农民对食物浪费的自我主导型面子意识越强烈，则产生食物浪费行为的概率会越大。

假设 D：农村事件性消费食物浪费行为与消费者感知行为控制呈正向相关。

3. 饭菜质量的调节效应假设

Yuting（2010）在其研究中指出，点餐服务、使用托盘是降低食物浪费量的有效手段，但是，倘若食物的卫生状况不理想、不够精美，抑或是不合口味，那么都会推动食物浪费量的增加。因此结合态度-情景-行为理论与以往

学者研究提出假设 E1、假设 E2。

假设 E1：饭菜质量正向调节态度对农民在事件性消费中的食物浪费行为。

假设 E2：饭菜质量负向调节主观规范对农民在事件性消费中的食物浪费行为。

（二）理论模型

Probit 模型也被学者们称作广义线性模型，该模型在预测随机事件出现的可能性以及呈现不同因素之间相互关系方面应用得比较广泛。学者郭晨、陈江华（2022）、杨子江（2021）、钱壮（2019）在与食物浪费影响因素相关的实证中均在高校食堂浪费数据的基础上运用 Probit 模型做了各个变量之间的分析研究。在使用该模型的过程中，因变量的形式大致分为两种，一种是二分类，另一种则是多分类。本文在研究过程中，通过构建 Probit 模型的方式对农村居民在事件性消费中出现浪费行为的可能性进行了预测，将发生浪费取值为 1，无浪费取值为 0，然后展开实证回归。模型建立如下：

$$prob = (ifwaste = 1 \mid X) = f(\alpha + \beta x_1 + \gamma x_2 + \delta x_3 + \varepsilon Z + \mu)$$

在该式中，因变量为农村居民在事件性消费中是否发生浪费（if waste）；α 代表常数项；X1 代表农村居民在事件性消费中对食物浪费的态度；X2 代表农村居民在事件性消费中对食物浪费的主观规范；X3 代表农村居民在事件性消费中对食物浪费的感知行为控制；Z 代表控制变量（农村居民的个人特征和家庭特征）。

（三）变量设定

实证分析中选取"是否发生浪费"作为被解释变量，含义为：农村事件性消费时产生食物浪费行为取值为 1，无浪费取值为 0，此处对行为产生的测量借鉴 Aktas（2018）、邓天翔（2014）的量表内容，分别从农村居民"参加聚会""举办宴席"两方面设计，通过农村居民自我报告的方式判断，具体包含 4 道测量题项；根据已有研究以及本次对眉山市农村居民食物浪费的调查实践，本研究设置了农村居民个人特征、家庭特征、态度、主观规范、感知行为控制、饭菜质量六类变量。表 4 为变量的具体含义、取值说明及描述性统计结果。

第一，农村居民个人特征变量。该变量包括年龄、性别、收入、受教育程度、工作、饥饿经历。这些特征变量主要基于众多文献中所研究的人口统计特征变量，因为在社会心理学领域，社会人口学变量一直都是不可或缺的重要研究因子，但是现阶段学者们对于何种因素导致的浪费量更高并没有取得一致性看法。

表 4 变量具体含义及取值说明

变量分类	变量名称	均值	标准差	变量定义与取值说明
态度	个人态度	5.790	1.230	个体对食物浪费的认知及减少倾向；倾向浪费程度最低=1，最高=7
	财务态度	4.860	1.230	个体对食物与金钱两者关系正相关的同意程度；非常不同意=1，非常同意=7
	环境态度	5	1.740	个体对食物浪费与环境两者关系正相关的同意程度；非常不同意=1，非常同意=7
主观规范	节粮规范压力	5.940	1.130	个体自身所感知到的来自家人朋友对食物浪费的压力；感知到的浪费压力最小=1，最大=7
	从众心理	0.680	0.470	个体在他人影响下做出与他人一致行为或反应的倾向；完全不从众=1，完全从众=7
	自我主导型面子意识	3.670	1.480	展示自身财富地位来维护或增强自身面子；完全不想展示=1，非常想展示=7
	他人主导型面子意识	4.130	1.350	维护周围人面子，避免他人丢面子；完全不想维护=1，非常想维护=7
感知行为控制	感知行为控制	4.950	1.140	个体对自身能实施减少食物浪费行为的自信程度；极不自信=1，非常自信=7
饭菜质量	饭菜质量	4.790	1.010	非常不满意=1；不满意=2；有些不满意=3；一般=4；有些满意=5；满意=6；非常满意=7

表4(续)

变量分类	变量名称	均值	标准差	变量定义与取值说明
个人特征	性别	0.360	0.480	男=0；女=1
	年龄	3.580	1.320	17岁以下=1；18~25岁=2；26~35岁=3；36~45岁=4；46~55岁=5；56~65岁=6；66岁及以上=7
	婚姻状况	0.660	0.470	已婚=0；未婚=1
	受教育水平	3.220	1.160	小学及以下=1；初中=2；高中/中专=3；本科=4；本科及以上=5
	职业	6.540	2.710	基层干部=1；个体工商户=2；企业主=3；技术人员=4；企业管理者=5；务工人员=6；农业劳动者=7；家务劳动者=8；失业、无业人员=9；其他=10
	个人月收入	2.760	1.060	1 500元及以下=1；1 501~2 500元=2；2 501~5 000元=3；5 001元及以上=4
	饥饿经历	0.241	0.428	是=0；否=1
家庭特征	家中常住人口数量	3.480	1.100	1人=1；2人=2；3人=3；4人=4；5人=5；6人及以上=6
	家中常住老人数量	1.950	0.930	0=1；1人=2；2人=3；3人及以上=4
被解释变量	是否发生浪费	0.568	0.496	没有=0；有=1

第二，农村居民家庭特征变量。该变量主要为农村居民家庭常住人口总数量以及家中60岁以上常住老人数量。家庭往往是消费者生活习惯养成的主要地方，在事件性消费场所就餐时，消费者容易受到家庭中生活习惯的影响，从而影响到食物浪费与否。

第三，农村居民态度变量。众多学者通过对计划行为理论、负责任环境行为模型等相关理论进行探析得出个人态度是影响其行为的主因之一。Stancu（2016）认为消费者对食物浪费现象所持有的态度一定程度上体现了消费者对于食物浪费的主观认识以及避免食物浪费的意愿。本文选取的态度变量主要包括个人态度、财务态度以及环境态度三个方面。所谓个人态度，指的就是农村居民自身对食物浪费这一行为的心理认知，财务态度指农村居民对食物与金钱两者关系的看法，环境态度指农村居民对食物浪费是否会对环境造成影响以及造成何种影响的认知。

第四，农村居民主观规范变量。该变量主要包括节粮规范压力、从众心理、自我主导型面子意识、他人主导型面子意识四个方面，这一变量会导致个体在制定或实施某一决策行为的过程中全方位地感受到来源于外部的各种压力，从而影响农村居民在事件性消费时候的就餐行为。其中，自我主导型面子意识是指农村居民在事件性消费中为展示其经济地位而衍生出的变量，他人主导型面子意识是指农村居民在外就餐时更在意自己在客人面前的面子而衍生出的变量。

第五，农村居民感知行为控制变量。这一变量主要体现了个体对自身是否具备相应的能力来开展某一行为的判断，即农民对实施某种行为的自信程度。当农民能感知到自己在事件性消费中有预估合适食物量的能力以及吃完所选择食物的能力时，往往能够削弱其浪费食物的意向。

第六，事件性消费场所饭菜质量变量。该变量主要为饭菜口味、饭菜品相和卫生情况三种满意度，满意度的高低往往会通过影响农民的态度和主观规范等来间接改变农村居民在事件性消费中的食物浪费行为。

（四）实证结果分析

1. 是否发生浪费的回归结果

为检验每个层面的自变量对浪费是否发生影响，本文对 Probit 回归采用逐步回归方法。第一步，引入基于计划行为理论的农村居民在事件性消费中对食物浪费行为的态度、主观规范、感知行为控制，得到模型 1；第二步，在模型 1 的基础上，加入农村居民的个人特征变量，分别是年龄、受教育程度、性别、工作、收入、饥饿经历、婚姻状况，得到模型 2；第三步，在模型 2 的基础上，加入农村居民的家庭特征变量，包括家中常住人口数和家中常住满 60 岁以上老人数，得到模型 3。回归结果见表 5。

表 5　是否发生浪费的回归结果

模型变量	模型 1	模型 2	模型 3
态度	−0.293 *** (0.080 2)	−0.303 *** (0.080 4)	−0.314 *** (0.082 9)
主观规范	0.978 *** (0.151)	1.039 *** (0.152)	1.044 *** (0.152)
感知行为控制	−0.111 (0.076 8)	−0.098 4 (0.080 7)	−0.099 7 (0.082 6)

表5(续)

模型变量	模型1	模型2	模型3
性别		0.035 1 (0.176)	0.082 5 (0.179)
年龄		0.177 (0.100)	0.248* (0.105)
教育水平		−0.173* (0.088 1)	−0.168 (0.089 0)
职业		−0.016 8 (0.034 0)	−0.022 0 (0.034 3)
个人月收入		0.134 (0.093 9)	0.134 (0.092 7)
饥饿经历		−0.412* (0.203)	−0.414* (0.207)
婚姻状况		−0.603 (0.318)	−0.822* (0.338)
家中常住人口数			0.181* (0.088 7)
家中常住60岁以上老人数			−0.157 (0.091 1)
常数项	−2.423** (0.787)	−2.567** (0.963)	−2.956** (1.073)
样本数量	315	315	315

注：*、**、***分别表示10%、5%、1%水平上显著。

通过对回归结果的分析，可以看出，个人特征、家庭特征、对食物浪费行为的态度、主观规范四个方面的解释变量，对农村居民在事件性消费中是否发生浪费有不同方向、不同程度、不同显著水平的影响。

首先，农村居民的个人特征对在事件性消费中是否发生浪费的影响主要表现在："年龄""婚姻状况""是否有过饥饿经历"对农村居民在事件性消费中是否发生浪费产生影响，并在10%的统计水平上显著，其中"年龄"为正向影响，"婚姻状况""是否有过饥饿经历"为负向影响，因此假设A4证伪、A5证实。对于年龄这一控制变量，大多数学者的研究结果都为负向影响，而此处显示为正相关，究其原因可能为事件性消费之于消费者的特殊性。受农村传统风俗的影响，作为举办宴席一方更加注重隆重的仪式感和排场，作为参与者会更加注重面子问题，同时本文中少量的高龄者样本也表示出于对身体健康的考虑也会减少打包行为。因此假设 A2 证伪。对于"婚姻状况""是否有过饥饿经历"对事件性消费中的浪费行为产生负向影响可解释为：已婚人士或者已经谈恋爱的人群处于照顾家庭、伴侣的考虑，往往会花费更多的资金用于日常用品、餐饮等方面，因此产生浪费行为的概率会更大，而单身群体受当今快节奏生活影响，更青睐于外卖、打包等便捷生活方式；对于曾因疾病、财务困难等原因遭遇过饥饿经历的群体，由于该群体经历过物质匮乏的时期，因此在事件性消费中，面对剩余食物会更加注重节约。

除此之外，"教育水平""性别""个人月收入"对于农村居民事件性消费是否发生浪费没有通过显著性检验，说明这些影响因素对农村居民事件性消费中是否发生浪费影响缺乏统计学意义，因此假设 A1、A3 证伪。可能的解释是：被调查样本囊括多种学历水平的群体，说明在不同教育程度的人群中产生的影响可能不同，该因素可纳入之后的异质性实证过程；对于"性别"，由于男女均存在大量浪费行为，导致影响同样不显著；对于"个人月收入"，由于事件性消费的特殊性，导致收入这一因素更多地影响居民平时的食物浪费行为，因此结果同样为不显著。

其次，农村居民的家庭特征对在事件性消费中是否发生浪费的影响主要表现在，"家中常住人口数"对农村居民事件性消费是否发生浪费在 10% 的统计水平上显著，估计系数符号为正。这表明，较小家庭规模产生的食物浪费比较大的家庭少，家庭成员越多，食物浪费的程度越高。有相关研究表明，有多个孩子的家庭产生了更多的食物浪费，未成年人的数目对食物浪费有着显著影响。除此之外，控制变量"家中常住 60 岁以上老人数"对于农村居民在事件性消费中是否发生浪费无显著影响。

最后，计划行为理论三要素在模型 3 中的结果显示为：态度对农村居民事件性消费中的浪费行为影响在 1% 的统计水平上显著，估计系数为负，即态度越积极，越不容易导致食物浪费行为，假说 B1 证实；主观规范对农村居民事件性消费中的浪费行为影响在 1% 的统计水平上显著，估计系数为正，即个人受到的社会压力越大则越容易导致食物浪费行为，则假设 C1 证实；而感知行为控制无显著影响，则假设 D 证伪。这表明，农村居民对于节粮的态度越积极，所导致的食物浪费行为越少；但与此同时，该群体感受到的诸如奢侈浪费风气、从众浪费心理等社会压力越强时会导致越多的食物浪费行为；"感知行为控制"虽然在回归结果中没有通过显著性检验，但是其估计系数符号为负，这表明当农村居民越能感知自己有能力实施某些行为规避食物浪费发生时，则越不容易发生食物浪费。

2. 基于计划行为理论的食物浪费行为影响因素分析

在模型3的基础上，结合计划行为理论，通过进一步分析基础回归中农村居民在事件性消费中对食物浪费的总态度，即个人态度、财务态度、环境态度以及包含个人节粮规范压力、从众心理、自我主导型面子意识、他人主导型面子意识的主观规范，从而来深入分析影响农村居民事件性消费中产生食物浪费行为的具体驱动因素，结果见表6。

表6　食物浪费程度影响因素结果分析

模型变量		模型4	模型5
态度			-0.242* (0.094 3)
	个人态度	-0.220* (0.087 6)	
	财务态度	-0.038 2 (0.089 4)	
	环境态度	-0.088 3 (0.067 2)	
主观规范			1.107*** (0.155)
	个人节粮规范压力		0.153 (0.081 3)
	从众心理		0.808*** (0.198)
	自我主导型面子意识		0.262** (0.095 9)
	他人主导型面子意识		0.182 (0.104)
感知行为控制		-0.077 4 (0.084 5)	-0.056 5 (0.085 0)
控制变量性别		0.105 (0.180)	0.097 1 (0.182)
	婚姻状况	-0.821* (0.337)	-0.862* (0.339)
	年龄	0.247* (0.105)	0.259* (0.108)

表6(续)

模型变量		模型 4	模型 5
	教育	−0. 155 (0. 089 3)	−0. 218* (0. 090 5)
	职业	−0. 021 9 (0. 035 0)	−0. 034 9 (0. 034 2)
	个人月收入	0. 121 (0. 091 9)	0. 132 (0. 094 0)
	家庭常住人口	0. 170 (0. 088 1)	0. 199* (0. 087 7)
	家庭老人数量	−0. 147 (0. 091 8)	−0. 146 (0. 092 7)
	饥饿经历	−0. 430* (0. 208)	−0. 416 (0. 213)
	常数项	−3. 104** (1. 054)	−1. 525 (1. 077)
	N	315	315

注:*、**、***分别表示10%、5%、1%水平上显著。

通过模型3的基础回归结果显示,态度因素对农村居民在事件性消费中的食物浪费行为在1%的统计水平上显著,且估计系数符号为负。基于以往相关食物浪费行为研究(Van,2019;Visschers,2016)中的成熟量表,本文将农村居民对于食物浪费的态度划分为三类:个人态度、财务态度、环境态度。结果显示,个人态度在影响农村居民在事件性消费的食物浪费行为上呈现为负向影响,并且显著性水平达到了10%,而财务态度、环境态度的影响相对比较有限,则假设B2证实,B3证伪,究其原因可能为:农民作为粮食产出的主体,对于食物有着相对于城市居民来说更复杂且浓厚的感情,因此农民对于食物浪费的个人态度能够显著影响其减少食物浪费的意愿和行为;而随着农村地区经济和生活水平的提升,居民收入的增长导致其对于与食物浪费行为相关的财务态度并没有对其是否在事件性消费中发生浪费有显著影响,同时这也验证量模型三中个人收入控制变量对食物浪费行为的影响不显著的原因;对于环境态度虽然符号系数为负符合常理,但是由于农村居民对于食物浪费所产生的环境污染意识较淡薄,以至于结果并不显著。

通过模型3的基础回归结果显示,主观规范因素对农村居民在事件性消费中的食物浪费行为在1%的统计水平上显著,且估计系数符号为正。通过借鉴以往学者研究计划行为理论的主观规范部分（施卓敏，2017；王建明，2013；张新安，2013）的成熟量表，本文将农村居民对于食物浪费的主观规范分为四类：个人节粮规范压力、从众心理、自我主导型面子意识、他人主导型面子意识。结果显示：从众心理、自我主导型面子意识在影响农村居民在事件性消费的食物浪费行为上呈现为正向影响，且分别在10%和5%的统计水平上显著，而个人节粮主观规范和他人主导型面子意识产生的影响则不显著，因此假设C2、C3证实。究其原因可能为：事件性消费属于群体行为，农村居民个体是否愿意减少食物浪费不仅取决于自身能不能够做到节约食物，更多的也会受到周围群体和环境的影响。并且在过去一段时期，因为生活水平大幅提升，城镇化进程不断深入，且乡村文明建设水平相对较低，导致农村地区婚嫁丧娶兴师动众、人情负债等一系列不良社会风气严重，因此农村居民在事件性消费中产生食物浪费的行为会更加受到从众心理和自我主导型面子意识因素的影响。对于个人节粮规范和他人主导型面子意识不显著的结果可解释为：农村居民个人的节粮规范以及餐饮消费习惯在社会风气和农村文化环境的影响下已经趋于一个基本稳定的状态，导致其对浪费行为的影响并不显著；同时相较于自我主导型面子意识，他人主导型面子意识对增加事件性消费的食物浪费行为的刺激作用更弱，村民在外就餐时更加在意自己在客人面前要面子，不愿意去打包剩菜。

3. 饭菜质量在态度、主观规范影响农民食物浪费行为中的调节效应

为检验客观环境对于影响农村居民在事件性消费中的食物浪费行为中的调节效应，再加之受访者特征及其态度、主观规范等心理因素无法影响饭菜质量，此处可引入饭菜质量这一变量做调节。按表7所示，模型6和模型7分别引入了受访者态度和主观规范。

表7　饭菜质量调节效应的回归结果

模型变量		模型6	模型7
态度		-0.309^{***} (0.0881)	1.124^{***} (0.159)
	态度×饭菜质量	-0.178^{*} (0.0862)	
	主观规范×饭菜质量		-0.288^{*} (0.137)
	饭菜质量	-0.135 (0.0931)	-0.13 (0.0959)

表7(续)

模型变量		模型 6	模型 7
主观规范		1. 120 *** (0. 155)	—
感知行为控制		−0.0856 (0. 084)	−0.0787 (0. 0863)
控制变量	性别	0.0834 (0. 178)	0.093 (0. 179)
	婚否	−0. 839 * (0. 346)	−0. 775 * (0. 343)
	年龄	0. 260 * (0. 108)	0. 216 * (0. 107)
	教育	−0. 183 * (0. 0904)	−0. 151 (0. 0898)
	职业	−0. 0206 (0. 0347)	−0. 0206 (0. 0354)
	个人月收入	0. 113 (0. 0926)	0. 135 (0. 0904)
	家庭常住人口	0. 207 * (0. 0888)	0. 198 * (0. 0896)
	家中老人数量	−0. 197 * (0. 0937)	−0. 183 * (0. 0925)
	饥饿经历	−0. 443 * (0. 208)	−0. 387 (0. 213)
	常数项	−4. 978 *** (1. 006)	−2. 657 * (1. 125)
	N	315	315

注：*、**、*** 分别表示 10%、5%、1%水平上显著。

结果表明：态度和饭菜质量以及主观规范和饭菜质量的交互项在10%的统计水平上通过了显著性检验，且态度与交互项系数符号相同，主观规范与交互项系数相反，即饭菜质量正向调节态度对农村居民事件性消费中的食物浪费行为，饭菜质量负向调节主观规范对农村居民事件性消费中的食物浪费行为。因此，假设 E1 和假设 E2 证实，即当饭菜的口味、卫生条件、品相越好时，会越削弱农村居民的态度对食物浪费行为的促进作用；同时当农村居民受从众心理、面子意识等主观规范带来的压力，并造成浪费行为时，饭菜的口味、卫生条件、品相越好，越能有效抑制村民们在事件性消费中浪费食物的行为，促进其增加打包行为。

4. 不同教育水平及年龄组对农民食物浪费行为差异化影响分析

考虑到不同教育水平和年龄的农民在态度、主观规范等影响因素上存在差异，且这种差异可能会影响到农民在事件性消费中的食物浪费行为，因此参考相关文献的人口划分标准，将样本划分为初中及以下教育水平和初中以上教育水平两组样本；35 岁及以下和 35 岁以上两组样本，最后对样本进行分组回归，如表 8 所示。

表 8　不同教育水平与年龄回归结果

模型变量	模型 8 初中以上学历	模型 9 初中及 以下学历	模型 10 35 岁以上	模型 11 35 岁及以下
个人态度	−0.215 (0.112)	−0.063 8 (0.144)	−0.210* (0.106)	−0.13 (0.131)
财务态度	−0.015 6 (0.071 9)	−0.151 (0.12)	−0.111 (0.079 5)	−0.030 5 (0.091 7)
环境态度	−0.039 6 (0.083 2)	−0.073 2 (0.142)	−0.074 7 (0.104)	0.032 5 (0.093 8)
节粮规范压力	0.172 (0.101)	0.129 (0.157)	0.198 (0.129)	0.103 (0.111)
从众心理	0.815** (0.256)	0.937** (0.33)	0.860** (0.276)	0.746* (0.316)
个人主导型 面子意识	0.275* (0.125)	0.336* (0.165)	0.301* (0.126)	0.377* (0.183)
他人主导型 面子意识	0.189 (0.145)	0.164 (0.159)	0.236 (0.139)	0.036 8 (0.185)
感知行为控制	−0.060 2 (0.115)	−0.164 (0.154)	−0.089 (0.12)	0.016 7 (0.128)
性别	0.292 (0.221)	−0.755 (0.427)	−0.003 61 (0.265)	0.221 (0.259)
婚姻状况	−0.964* (0.374)	−1.863 (1.074)	−0.331 (1.06)	−0.673 (0.371)
年龄	0.357* (0.15)	0.25 (0.2)		

表8(续)

模型变量	模型 8 初中以上学历	模型 9 初中及 以下学历	模型 10 35 岁以上	模型 11 35 岁及以下
教育水平			-0.369^{**} (0.139)	-0.161 (0.129)
职业	-0.0532 (0.0385)	0.0177 (0.0783)	-0.0826 (0.0456)	0.0222 (0.0564)
个人月收入	0.065 (0.118)	0.409^{*} (0.188)	0.195 (0.143)	0.158 (0.132)
家庭常住 人口数	0.242^{*} (0.106)	0.124 (0.182)	0.0601 (0.13)	0.165 (0.108)
家庭常住 60 岁 以上老人数	-0.146 (0.109)	-0.209 (0.192)	-0.151 (0.128)	-0.1 (0.137)
饥饿经历	-0.454 (0.273)	-0.34 (0.335)	-0.467 (0.269)	-0.019 (0.424)
常数项	-2.474^{*} (1.13)	-0.562 (2.119)	0.608 (1.719)	-2.152 (1.47)
N	213	102	179	136

注：$*$、$**$、$***$ 分别表示 10%、5%、1%水平上显著。

关于不同教育水平对农民食物浪费行为差异化影响分析回归结果由表 5.5 的模型 8 和模型 9 可知：对于不同教育水平的农民来说，婚姻状况、年龄、个人月收入、家庭常住人口数等特征变量对其在事件性消费中的食物浪费行为的影响会有所不同。在初中以上和初中及以下学历两组样本中，婚姻状况对高学历群体的食物浪费行为在 10%的统计水平下显著且产生负向影响，而对于低学历水平群体的浪费行为不显著；在高学历和低学历两组样本中，年龄、家庭常住人口因素对高学历群体的食物浪费行为在 10%的统计水平下显著且产生正向影响，而对于低学历水平群体的浪费行为不显著；在初中以上和初中及以下学历两组样本中，个人月收入对低学历群体的食物浪费行为在 10%的统计水平下显著且产生正向影响，而对于高学历水平群体的浪费行为不显著。

关于不同年龄阶段对农民食物浪费行为差异化影响分析回归结果由表 5.5 的由模型 10 和模型 11 可知：对于不同年龄的农民来说，其个人态度、从众心理、教育水平对其在事件性消费中的食物浪费行为的影响有所不同。在 35 岁及以下和 35 岁以上两组样本中，个人态度对 35 岁以上的样本的浪费行为在 10%的统计水平下显著，而对 35 岁及以下样本的浪费行为不显著。除此之外，在老龄组和年轻组的样本中，从众心理分别在5%和10%的统计水平下对事件性消费中的食物浪费行为产生显著正向影响。在35岁及以下和35岁以上两组样本中，教育水平对35岁以上的样3本的浪费行为在5%的统计水平下显著，而对35岁及以下样本的浪费行为不显著。

五、结论与政策建议

（一）结论

本文在研究中基于过往学者有关食物浪费的研究成果，对食物浪费、事件性消费的内在含义进行了较为详细的说明，以四川省眉山市农村居民为具体研究对象，结合计划行为理论、态度－情境－行为理论的相关内容，构建了实证模型并制定了一系列假设。并通过发放调查问卷的方式了解了农村居民现阶段食物浪费的状况，为实证研究提供了依据，得出了下述结论：

1. 农村居民的事件性消费中的食物浪费行为会因个体、家庭特征的不同而存在差异

对于个体人口特征因素，居民餐饮浪费行为会因年龄、饥饿经历、婚姻状况的不同而存在显著差异。不同的年龄段，会展现出不同程度的浪费。其中，26~45岁的居民实施的餐饮浪费行为较多；此外，已婚人士和未经历过饥饿经历的人士有着较明显的浪费行为，但婚姻状况对于低学历水平群体在事件性消费中的浪费行为不显著。对于家庭特征因素，家庭常住人口越多的家庭会更容易产生食物浪费行为，而这也印证了已婚人士会在事件性消费中具有更明显的浪费行为。由此可知，26~45岁年龄段、家庭常住人口较多、未曾有过饥饿经历的群体是实施食物浪费行为的主体人群。因此政府通过制定政策去引导农村居民在事件性消费中把握适度原则的过程中，应该着重关注符合这类特征的群体。

2. 态度和主观规范是农村居民在事件性消费中产生食物浪费行为的主要因素

其中，积极的态度正向作用于农村居民食物浪费行为，主观规范反之，影响更加显著。同时，态度中的个人积极态度对减少食物浪费行为的作用效果比财务、环境态度更强，主观规范中消极的从众心理和自我主导型面子意识对减少食物浪费行为的作用效果比节粮规范和他人主导型面子意识更强。由此可见，周围群体的行为对农村居民在事件性消费中是否产生食物浪费有着重大的影响，即使参与或举办宴席的群体有意愿响应"光盘行动"，但出于从众心理及面子问题也会产生浪费行为。因而鼓励个体塑造独立价值观，避免从众心理

与面子问题带来的困扰，营造节约食物的良好社会氛围是减少事件性消费中产生食物浪费的可行路径。

3. 饭菜质量对实证模型的调节作用显著

饭菜质量强度的增加，会显著强化农村居民的食物浪费态度对餐饮浪费行为的抑制效果；此外，饭菜质量的提升，会显著削弱农村居民因从众心理和个人主导型面子意识导致食物浪费行为的意向，使农村居民在事件性消费中更多地选择打包行为。由此可见，饭菜质量的提升也是有效减少农村居民在事件性消费产生食物浪费的一个重要路径。

（二）政策建议

事件性消费作为带有明确是由和强烈目的和动机的消费方式，再加上农村居民这一特殊的研究群体，因此，影响食物浪费行为的因素非常多，要想解决食物浪费问题，就必须要立足全局，从多个视角来展开分析，并以此为依据制定有效的应对措施。本文认为可以从下述几个方面入手：

1. 建章立制，落实有效监督

由于农村居民在事件性消费中的食物浪费行为会因个体、家庭特征的不同而存在差异，相关部门要以现阶段农村事件性消费的个性特征为基本立足点，制定针对性、普适性更强的法律法规，遏制农村地区盲目攀比、铺张浪费的不良风气，避免事件性消费造成大量的食物浪费，同时也能够为具体工作的开展提供有效的依据。此外，有关部门还要加大监管力度，并制定具体的考核制度，如果餐饮企业存在违法行为，那么要给予其处罚并责令其进行整改；反之，如果餐饮企业始终以法律法规的要求为准绳开展经营活动，那么要给予其想要的奖励。只有这样，出台的法律法规才能真正落到实处。

2. 营造节约环境，弘扬正向价值观

本文实证得出周围群体的行为对农村居民在事件性消费中是否产生食物浪费有着重大的影响这一结论，因而鼓励个体塑造独立、正向价值观，避免从众心理与面子问题带来的困扰，营造节约环境，是减少事件性消费中产生食物浪费的必要途径。通常来说，发生于农村地区的事件性消费大都是为了庆祝或答谢，并非炫富，因此，要积极引导这类消费从简举办，主要包括废止陋习、简化仪式等等。加大宣传力度，让人们形成节约意识，从简举办各类宴席。推动农村宴席从过去的追求"面子"逐渐转变到讲究"文明"，从过去的强调"排场"转变为追求"健康"；同时媒体也要发挥自身覆盖面广的优势，提高宣传力度，让人们领略到传统礼仪的魅力，并着力推广自助餐模式，让人们根据自己的需求、喜好选择相应的食物，不仅能够最大限度地减少浪费，也能够有效保证食物卫生。

3. 落实餐饮企业主体责任，提高标准引领能力

餐饮协会以及行业内优秀企业要充分发挥带头作用，推出科学的膳食营养指南，基于地方发展实情，制定与之相匹配的婚宴标准，为宴席消费提供科学的指引。本文实证中，饭菜质量对实证模型的调节作用显著，因而优质餐饮企业需围绕绿色、健康、节约等主题推出相应的美味且健康的高质量宴席套餐，从而降低食物浪费。此外，还要对餐饮企业的食物浪费量进行考核，对于浪费量相对较低的企业，给予相应的奖励，对于部分浪费量比较高的企业，要责令其整改，将食物浪费行为扼杀在摇篮里。

4. 以营养均衡为基准，倡导理性消费

宴席不仅要满足基本的饱腹需求，也要富含各种各样的营养，所以在选择菜品的过程中，既要有肉类，也要有蔬菜，通过荤素搭配的方式，实现营养的均衡；菜品的数量也要合理，理性消费，防止出现食物浪费的现象。此外，还要鼓励消费者将吃不下的菜品进行打包。首先，要帮助消费者养成打包意识，防止消费者出于"面子"的考虑而放弃打包；其次，餐饮企业也要积极引导消费者进行打包，甚至给予这一行为相应的奖励；最后，政府要制定具体的政策，规范企业与消费者的行为，减少浪费现象。

主要参考文献

［1］ ANANDA JAYANATH, KARUNASENA GAMITHRI GAYANA, et al. Analysing behavioural and socio-demographic factors and practices influencing Australian household food waste ［J］. Journal of Cleaner Production, 2021, 306.

［2］ BRENNA ELLISON. Food loss and food waste: Causes and solutions by Michael Blakeney ［J］. American Journal of Agricultural Economics, 2020, 102 （3）.

［3］ HAMILTON C, DENNISS, BAKER, D. Wasteful consumption in Australia ［R］. Manuka: the Australia Institute, 2005.

［4］ WILSON A, EVANS S, FROST G. A comparison of the amount of food served and consumed according to meal service system ［J］. Journal of Human Nutrition and Dietetics, 2000, 13 （4）: 271-275.

［5］陈秋萍，吴芸芸. 遏制餐桌浪费的对策措施及其有效性分析 ［J］. 中国食物与营养，2007 （10）: 31-33.

［6］曹晓昌，张盼盼，刘晓洁，等. 事件性消费的食物浪费及影响因素分

析：以婚宴为例 [J]. 地理科学进展，2020，39（9）：1565-1575.

[7] 成升魁，高利伟，徐增让，等. 对中国餐饮食物浪费及其资源环境效应的思考 [J]. 中国软科学，2012（7）：106-114.

[8] 邓天翔. 典型非绿色消费行为形成机理研究 [D]. 长沙：湖南大学，2014.

[9] 何凤波. 城市居民绿色消费行为影响因素的研究 [D]. 长春：吉林大学，2010.

[10] 王灵恩，成升魁，李群绩，等. 基于实证分析的拉萨市游客餐饮消费行为研究 [J]. 资源科学，2013，35（4）：848-857.

[11] 王禹. 中国食物浪费成因与对策建议 [J]. 农业展望，2014，10（6）：64-68.